家长学校指导用书

家长成长课堂

中国关心下一代工作委员会事业发展中心 ◎ 组编

七年级

中国教育出版传媒集团
人民教育出版社
·北京·

图书在版编目（CIP）数据

家长学校指导用书．家长成长课堂　七年级 / 中国关心下一代工作委员会事业发展中心组编．—北京：人民教育出版社，2022.12（2023.10 重印）
ISBN 978-7-107-37140-0

Ⅰ．①家⋯　Ⅱ．①中⋯　Ⅲ．①初中生—家庭教育—家长学校—教学参考资料　Ⅳ．①G78

中国版本图书馆 CIP 数据核字（2022）第 227139 号

家长学校指导用书　家长成长课堂　七年级

责任编辑	焦　艳	和卓琳
装帧设计	何安冉	
插图绘制	王　玮	

出版发行　人民教育出版社
（北京市海淀区中关村南大街 17 号院 1 号楼　邮编：100081）

网　　址	http://www.pep.com.cn	
经　　销	全国新华书店	
印　　刷	北京华联印刷有限公司	
版　　次	2022 年 12 月第 1 版	
印　　次	2023 年 10 月第 3 次印刷	
开　　本	787 毫米 ×1 092 毫米　1/16	
印　　张	8	
字　　数	99 千字	
定　　价	35.00 元	

版权所有·未经许可不得采用任何方式擅自复制或使用本产品任何部分·违者必究
如发现内容质量问题、印装质量问题，请与本社联系。电话：400-810-5788

丛书编写委员会

主　　任　张玉台

副主任　陈江旗　郭　戈

委　　员　（按姓氏音序排列）

　　　　　蔡　艳　董彬彬　焦　艳　郎亚龙

　　　　　刘峰峰　刘雅琴　鲁忠义　秦光兰

　　　　　孙艳芳　吴　婷　姚　丞

统　　筹　李雷刚　宋建军

序言

中国关心下一代工作委员会事业发展中心组织编写的《家长成长课堂》丛书即将由人民教育出版社出版，这是助力家庭教育工作高质量发展，进一步推动青少年健康成长的好事，表示祝贺！

家庭是社会的基本细胞，家庭的前途命运同国家和民族命运紧密相连。党的十八大以来，习近平总书记站在培养担当民族复兴大任时代新人、确保党和国家事业后继有人的高度，就家庭教育作出一系列重要论述。《家庭教育促进法》的颁布实施，更是把家庭教育从家事上升为国事，对政府、学校、家庭、社会明确了具体责任，提出了具体要求。

家庭教育在孩子成长、发展过程中承担着独特的、终身的教化功能，具有其他教育所没有的优势。通过科学的家庭教育指导，提升家庭教育理念，普及家庭教育知识，转变家长教养观念，可以在促进未成年人全面健康成长、增进家庭幸福和社会和谐方面，发挥重要的基础作用。

《家长成长课堂》丛书，从新时代家庭教育的实际情况出发，遵循了孩子身心发展规律以及成人教育的特点，以"立德树人"为主线，以"养成教育"为核心，通过深入浅出的语言、形象生动的案例、具体实用的方法以及独具匠心的"大作业"，手把手指导家长教育孩子，是一套系统、全面、贴近生活的家庭教育指导图书。

希望这套丛书的出版，能让更多的家长学习和领悟到新时代家庭教育的新理念，掌握科学的家庭教育新知识和方法，对家庭教育工作的开展发挥积极的推动作用。我相信，通过家庭、学校和社会的共同努力，我们就一定能够形成合力，创造良好的家庭教育社会氛围，促进孩子们幸福生活、健康成长！

顾秀莲
2022年9月18日

编写说明

家庭是孩子的第一所学校，家长是孩子的第一任老师。家庭教育工作的好坏，关系着孩子的终身发展，关系着千家万户的利益，关系着国家和民族的未来。习近平总书记高度重视家庭建设和家庭教育，强调要"给孩子讲好'人生第一课'，帮助扣好人生第一粒扣子"，并要求教育、妇联等部门统筹协调社会资源，支持服务家庭教育。2022年1月1日，《中华人民共和国家庭教育促进法》正式实施，更是将家庭教育从家事上升为国事，为家庭教育的实施提供了法律保障。

在党和政府的高度重视下，政府职能部门、社会各界、学校和家长都在不同层面为做好家庭教育、提升家庭教育水平做了大量工作，取得了令人瞩目的成绩。但是，当前家庭教育实践中也存在着一些不足，如家长的监护能力不强、教育理念落后、方法和策略欠科学等，制约着家庭教育的水平和实效。因此，提升家长的教育能力和水平，成为做好家庭教育工作的重要一环。

为了提升家庭教育的水平，帮助家长解决家庭教育中的实际问题，我们组织编写了这套《家长成长课堂》。现将丛书的内容结构、特点简要介绍如下。

一、丛书的内容结构

本丛书采用分年龄班/年级、按主题的方式编写，包含从幼儿园小班到九年级共12册指导用书。每册8课（即8个主题），每课主要由"案例""案例分析""了解孩子""建议""大作业"等部分内容组成。

1. 案例

书中的案例是从生活中精选出来的事件，或是调查，或是新闻报道，个别案例来自经典的心理学和教育学研究。这些生动又具有代表性的案例，能促使家长去反思自己的家庭教育。

2. 案例分析

紧接在案例后面，运用心理学和教育学的理论，对其内容作出通俗易懂的分析，目的是让家长明白案例中体现了孩子发展过程中的哪些问题或困惑，产生这些问题或困惑的原因是什么。

3. 了解孩子

本部分由紧密围绕主题设计的10～20个小问题组成，并给出了粗略的评价"标准"。家长可以利用这些问题进行测试，了解自己的孩子在相应方面的表现，为确定有针对性的教育策略提供参考。

4. 建议

在"案例分析"和"了解孩子"的内容后，给出了培养孩子良好习惯和解决孩子具体问题的策略与方法。这是理论的具体化，是具有方向性和可操作性的方法。

5. 大作业

这是留给家长的"作业"。在这一部分，我们帮助家长设计了训练孩子良好行为、培养孩子良好习惯的实施方案。期待通过30天左右的训练，初步培养孩子和家长的某种意识或技能，为孩子形成良好的习惯奠定基础。

二、丛书的特点

本丛书以立德树人根本任务为指针，体现先进、科学的家庭教育理念，突出实践性和操作性，在语言表述上尽量做到深入浅出、通俗易懂。

1. 落实立德树人根本任务，体现先进的家庭教育理念

家庭教育首先要坚持立德树人，德育为先。本丛书将热爱祖国、尊敬老人、感恩长辈、关爱他人作为重要的主题，弘扬中华传统美德，渗透责任意识、抗挫折能力、合作能力的培养，力求使家庭教育走出只注重孩子学习成绩、智力培养的误区，体现"五育"并举，培养孩子德智体美劳全面发展，形成21世纪人才所必需的核心素养。

2. 突出实践性和操作性

为提升家长解决家庭教育实际问题的水平，我们通过具体的"案例"描述问题，通过"测试"诊断问题，通过"建议"提出解决问题的方法，再通过"大作业"为家长提供具体计划和方法，使家庭教育的理论变得鲜活，方法可操作，效果可见、可评。

3. 文字表述通俗易懂

考虑到家长的受教育水平不同，我们呈现内容尽量深入浅出，文字表述尽量通俗易懂，一些难懂的专业术语，尽量换成科普性的、解释性的语言，以便使不同文化层次的家长都能够看得懂、行得通。

三、使用中应注意的问题

为了使本丛书能更好地发挥作用，家长们在使用过程中，还需要注意以下几个方面的问题。

1. 根据孩子的实际情况，灵活地选择主题和顺序

丛书每册含8个主题，除了上学适应、入学准备、中考备考等主题外，大多数主题没有严格的先后顺序。家长可以根据孩子存在的突出问题，选择相关的主题对孩子进行有针对性的教育，不一定严格按书中编排的顺序进行。

2. 综合考虑习惯、能力、品质培养的一贯性和针对性

在不同的年龄阶段，同一种习惯、能力或品质，表现的内容不同，程度也不一样，往往要经过较长时间，通过不同的方面来培养。比如，培养孩子珍惜时间、做事有计划的能力，在幼儿园、小学和中学的册次都有涉及，跟随不同册次的指引，家长能够更有目的、有系统、有针对性地培养孩子。

3. 有效利用线上互动平台，为家教指导助力

在使用本丛书的过程中，家长还可关注"义方家长"微信公众号，进入教学服务平台，选择线上课程。这套线上课程除了定期的专家讲座外，还配合"大作业"提供家庭教育实施指导。通过互动，帮助家长解决家庭教育中的难题。

本丛书是家庭教育的指导读物，也适合作为家长学校指导用书。

本册第一至五课、第七课由石家庄计算机职业学院贺红岩老师编写，第六课由中国教育科学研究院王鑫研究员编写，第八课由河北师范大学附属实验中学肖青老师编写。河北师范大学薛彦华教授负责拟定全书的写作思路，提出修改意见，并做统稿工作。

由于时间仓促，加上编者的能力有限，书中错误和不当之处在所难免，希望广大读者不吝指教！

编者

2022 年 8 月 26 日

目 录

导 读 / 1

第一课 新起点，新面貌
　　　——帮助孩子适应中学生活 / 3

第二课 别再把我当孩子
　　　——理性看待孩子的逆反心理 / 17

第三课 我是家庭一成员
　　　——培养孩子的家庭责任感 / 29

第四课 我的未来，美丽的梦
　　　——培养孩子的生涯规划意识 / 43

第五课　我的学习我规划
　　——培养孩子学习的独立性 / 59

第六课　把握好课堂学习
　　——帮助孩子提高听课效率 / 73

第七课　我们都是好朋友
　　——尊重孩子的异性交往 / 85

第八课　不动笔墨不读书
　　——帮助孩子掌握良好的阅读方法 / 99

附：丛书总目录 / 111

导读

新学年开始了，您的孩子由小学生变成了初中生。此刻，您应该对孩子寄予了厚望，但也有担心与忧虑。在教育的广度与深度上，初中较小学有很大的变化，教师的教学方法也有所改变。孩子能否顺利适应学校生活？能否处理好学习、交友等问题？能否适应新的学习生活？能否在新的学习环境中保持乐观心态？能否找到自己的努力方向？能否成为一个有理想、有担当的人？本书从八个方面探讨初一新生可能遇到的问题，和您一起寻找帮助孩子解决问题的方法。

针对孩子升入初中后的适应问题，我们将"新起点，新面貌——帮助孩子适应中学生活"作为第一课，和家长共同讨论孩子在这一阶段可能遇到的困惑，通过分析原因，帮助孩子找到解决对策，愉快地开始新生活。

随着孩子进入青春期，逆反心理增强，家长与孩子的沟通可能会出现一些新问题。其实，孩子青春期的逆反现象是正常的。为了帮助家长理性看待孩子的逆反心理，帮助孩子顺利度过青春期，我们编写了第二课"别再把我当孩子——理性看待孩子的逆反心理"，帮助家长寻找解决问题的对策。

如何让孩子明确自己在家庭中的位置？明确自己对家庭应尽的责任与义务？读一读第三课"我是家庭一成员——培养孩子的家庭责任感"，或许对家长培养孩子的责任感有所帮助。

理想是一个人奋斗的动力和航标，失去理想的人生活就缺少了航向。那么如何让孩子对未来充满希望，学会自我激励呢？家长通过阅读第四课"我的未来，美丽的梦——培养孩子的生涯规划意识"，了解孩子的职业取向，帮助家长指导孩子确立初步的职业理想，奋发学习。

独立性是一种重要的心理品质，是指人遇事有主见，不依赖他人，能独立处理事情，积极主动地完成工作学习中的各项任务。第五课"我的学习我规划——培养孩子学习的独立性"，可以帮助家长了解如何培养孩子学习的独立性。

积极参与课堂学习是高质量学习的基础，但一些孩子并不知道如何利用好课堂学习时间。如何指导孩子掌握课堂学习的方法，引导他们提高学习效率？第六课"把握好课堂学习——帮助孩子提高听课效率"将对此做出回答。

进入青春期后，孩子对异性交往更加敏感，也有了更多的困惑。如何帮助孩子解决这些困惑，第七课"我们都是好朋友——尊重孩子的异性交往"，能给家长提供一些切实可行的意见。

阅读是孩子增长知识、开阔眼界和陶冶情操的有效途径，会对孩子一生的发展产生深远的影响。良好的阅读习惯，让孩子终身受益。第八课"不动笔墨不读书——帮助孩子掌握良好的阅读方法"，会给家长分享一些培养孩子良好阅读习惯的具体建议。

上述八个主题是编者在与初一班主任和家长座谈的基础上，精心选择和编写的。我们期待家长行动起来，帮助孩子们收获一个美满的人生。

第一课

新起点，新面貌

——帮助孩子适应中学生活

七年级是孩子步入初中的开始。孩子从小学进入初中，这是孩子学习生活中的一个重要转折，是一次新的跨越。从小学升入中学的这一阶段，对孩子来说不只是身份转换，也是由幼稚步入成熟，由依赖走向独立的关键转折。

与小学相比，中学阶段的学业压力更重，孩子也进入了青春期。一方面，许多孩子刚进入中学，充满着对学校、教师、同学的新鲜感，充满着对知识的渴求，充满着对初中生活的美好憧憬。另一方面，当他们面对初中学习科目增多、课程内容拓展、各科任课教师教学风格不一、作业难度增大、同学性格迥异等情况，可能会失去入学时的新鲜感，产生茫然、焦虑、不知所措、愁怨、失望等心情。此时，若得不到正确指导，一些孩子可能会失去追求进步的动力，产生厌学情绪，影响之后的学习和生活。

因此，在中学和小学的衔接过程中，家长的引导和帮助对孩子适应新生活起到十分重要的作用。

案例一

小玉是一个活泼开朗的女孩。小学时，小玉的学习成绩一直很优秀，因此小玉的父母觉得她升入初中后也能够一帆风顺地走下去，然而，小玉的情况出乎他们的意料。

开学不久，小玉就说初中不好，课程枯燥，老师上课节奏太快，自己跟不上。开始，小玉的父母认为女儿只是不适应，过两天就好了。可没过多久，他们就接到老师的电话，说小玉整天没精打采，上课注意力不集中，作业也不认真完成，整体表现和刚入学时相比有很大差异。这下，小玉的父母着急了，找小玉谈心。小玉伤心地哭道："我也知道我的情况，心里也很着急。可是打开书本，我就开始胡思乱想，看不进去。"

面对这种情况，小玉的父母也陷入困惑，不知道应该怎么做。

案例二

由于父母在外地工作，天天从小与外婆一起生活。小学时，天天的成绩虽然不突出，但与老师同学相处融洽，外婆一直夸他是懂事的好孩子。

升入初中后，天天的父母觉得天天应该有能力照顾自己了，就让他住校。但住校以后，天天好像"变"了。老师说："天天现在独来独往，上课很沉默，从不举手，情绪低落，成绩波动也很大。有一次，因为一点儿小事，他还和同学打架。还有一次，因为作业没完成，老师说了他几句，他竟然把桌子上的书扔到了地上。"过后，老师找天天谈心，他说自己觉得窝火，觉得同学看不起他，什么都不顺心。

"天天到底怎么了？我应该做什么帮助他呢？"外婆担心地问道。

案例分析

升入初中后,孩子们会遇到很多变化,有的孩子能顺利适应新环境,也有一些孩子像案例中的小玉和天天一样,在学习方面和生活方面感到不适应。那么,是什么原因让他们对新生活感到不适应呢?

一、学习方面的原因

1. 科目增多、学习难度增大

"小学时成绩挺优秀,到了初中怎么就变得默默无闻了?"家长的这个问题,常常让七年级新生倍感压力。升入初中后,不仅学习的内容增加了,而且学习的进度也加快了,老师的授课风格也发生了变化。因此,有些孩子会觉得力不从心,无法跟上新的学习节奏,感到无从下手。这些都可能导致孩子认为自己变笨了,产生学习倦怠感。

2. 没有找到合适的学习方法

初中和小学的学习方式存在不同之处,会给一些孩子带来一点儿"小麻烦"。在初中,单纯地凭借完成作业来结束一天的学习是不够的。老师布置的作业主要是针对群体而不是针对个人。一些孩子进入初中以后,以为完成作业就万事大吉了,不知道提前预习和课后复习。于是,在老师教授新课时,他们跟不上老师的思路,跟不上其他同学的节奏,感觉上课很吃力。一些孩子对初中的学习方式不适应,就像案例一中的小玉一样。他们面对新增的科目提不起兴趣,也找不到合适的学习方法,会觉得课程枯燥乏味,自然会失去学习的兴趣。

二、人际交往方面的原因

进入初中后,面对陌生的老师、陌生的同学,一些孩子可能会产生戒心，紧闭心扉。他们可能会说："还是小学老师好，小学老师亲切多了。""中学老师不像小学老师那样容易接近。""这个班级，没人理我，小学同学多好啊！""小学的同学都很亲切，现在的同学跟陌生人一样！""过去的老师喜欢我，现在的老师不在乎我。""想家，想以前的朋友，现在总觉得很孤独、很难受。"这些情况说明，这些孩子还是用小学的情况来衡量和评判初中的人和事。陌生的同学、紧张的学习、激烈的竞争，给新入学的孩子带来了沉重的压力，造成他们对新生活的不适应。由于不适应新生活，一些孩子会产生失落感，不愿主动与人交往。案例二中的天天就是典型代表，他不适应新环境中新的人际关系，甚至觉得一些新同学看不起自己，所以他会无端发脾气。

☆ 了解孩子

您的孩子是否适应新的初中生活呢？请按下面的事项认真观察，符合孩子行为的选"是"，不符合孩子行为的选"否"。第1题至第5题，每项选"是"计1分，选"否"计0分。第6题至第10题，每项选"否"计1分，选"是"计0分。得分越高，说明您的孩子可能对新的初中生活越适应；得分越低，说明家长越需要和孩子共同寻找原因，帮助孩子适应新生活。

1. 了解初中新开设的科目。　　　　　　　　　　是☐ 否☐
2. 了解新学期要学习的内容。　　　　　　　　　是☐ 否☐
3. 主动谈起初中的新朋友。　　　　　　　　　　是☐ 否☐
4. 主动谈起初中的新老师。　　　　　　　　　　是☐ 否☐

5. 每天主动预习第二天的功课。　　　　　　　是 □　否 □

6. 觉得自己跟不上新的学习节奏。　　　　　　是 □　否 □

7. 觉得学习力不从心，有厌恶情绪。　　　　　是 □　否 □

8. 觉得新同学不真诚。　　　　　　　　　　　是 □　否 □

9. 觉得还是过去的学习环境好。　　　　　　　是 □　否 □

10. 觉得新环境里没有人喜欢自己。　　　　　　是 □　否 □

建议

升入初中后，孩子的作息时间、生活节奏及人际交往都会发生很大的变化。刚刚升入初中的孩子可能对新生活感到不适应，这是非常正常的。那么，在这一段时间里，家长应该怎样帮助孩子完成从小学生到初中生的角色转换呢？如何帮助孩子融入新环境，投入到新的学习中呢？

面对孩子的不适应，家长首先不要慌，要及时发现孩子遇到的问题，多和孩子进行沟通，争取每天都和孩子聊天，让孩子聊聊学校生活，鼓励孩子多与老师沟通，帮助孩子度过心理上的适应期。作为家长，应该从以下几个方面对孩子进行指导。

一、鼓励孩子确立新目标

孩子进入中学以后，新的环境、新的老师、新的同学、新的课本，这一切可能使他们感到十分新奇、无比兴奋。在这种氛围下，他们容易产生要求进步的强烈愿望。特别是在小学遭遇过挫折的孩子，可能会产生"到新学校，有更好的新老师教我，我要好好学习，从头开始"的念头。

对孩子的这种愿望，家长可以这样处理：一是要热情地加以肯定，特别是对内心比较敏感的孩子；二是要帮助孩子细化目标，让孩子思考实现新目标的"每一步"应该怎么走；三是当孩子受到挫折、遇到困难时，及时地给予帮助，避免孩子失去信心；四是在孩子犯"错误"时，不要过多地责备，帮助孩子找到原因，鼓励孩子改正，保护孩子自尊心和自信心。

二、帮助孩子激发学习兴趣，调整学习方法

1. 理性应对多个学习科目

孩子一踏入中学校门，首先感到学习节奏加快了，一天好几门课，几乎没有重复的，课程的深度和广度也有所增加。这些都可能引起孩子的不适应，造成孩子上课时易疲劳、注意力不集中等情况。鉴于这种情况，家长可以给孩子讲讲新科目的特点，让孩子认识到学习这些新科目的必要性，家长还可以从日常生活中的小事入手，提升孩子对新科目的兴趣。此外，家长还要让孩子注意劳逸结合，保持充沛的精力。

2. 找出新的学习方法

家长可以帮助孩子找出初中与小学在学习上的不同点，探寻适合孩子自己的学习方法。为避免孩子产生学习吃力的情况，帮助孩子适应初中的学习生活，家长可以指导孩子掌握正确的学习方法。初中的学习以理解为主，因此，孩子需要增强学习的主动性，学会制订适合自己的学习计划。同时，家长应该注意培养孩子的自我管理能力，让孩子养成课前认真预习、课上认真听讲、课后及时复习的好习惯。例如，家长可以通过与孩子共同准备学习用品、一起制订作息计划、与孩子谈论校园生活等方法，帮助孩子养成良好的学习习惯。

同时，家长要帮助孩子学会处理"学"与"玩"的关系。很多家长

怕孩子掉队，经常给孩子买课外辅导书、布置课外作业。这些做法不一定能帮助孩子提高学习成绩，还很可能帮倒忙。有些孩子原本学习效率高，老师布置的作业能迅速完成。但他们发现自己做完老师布置的作业后，家长又要额外布置作业，于是选择拖拖拉拉地完成老师布置的作业。时间一长，孩子可能会养成不好的学习习惯。

3. 培养良好的学习习惯

培养孩子良好的学习习惯，家长要注意以下几点。

首先，给孩子创造良好的学习环境。良好的学习环境既包括必要的学习用品、舒适的桌椅、合适的灯光等物质条件，也包括和谐的家庭氛围、良好的学习风气和合理的作息制度等非物质条件。

其次，注意家长的榜样作用。熏陶是培养孩子良好习惯的重要方法。家长的习惯对孩子影响很大，孩子的不少习惯是潜移默化地从家长那里学过来的。如果家长热爱学习，把读书学习作为生活的爱好，在工作中也不断钻研、认真学习，孩子就会在不知不觉中提高对学习的兴趣，就会不自觉地模仿家长认真学习的样子，从而养成良好的学习习惯。

最后，需要把握培养孩子习惯的关键期。习惯具有长期性。一般来说，孩子的学习习惯是在小学阶段开始逐步形成的，并且会不断地调整和改变。如果小学阶段没有养成良好的学习习惯，家长需要抓住刚进初中这一阶段，纠正孩子不良的学习习惯。良好的学习习惯一旦形成，会成为孩子终身受用的宝贵财富。

三、帮助孩子建立新的人际关系

在小学时，孩子们一起学习、生活，感情深厚。而升入中学后，同学可能是陌生的、不熟悉的。如果孩子因为想念小学同学而不愿意与新同学交往，家长应该教育孩子理性看待人际关系，在和小学阶段的"好朋友"保持友谊的同时，也要和新同学加强了解，找到初中阶段的"好朋友"。建立新的人际关系可以帮助孩子适应新生活，进而产生对班级、对学校的认同感，培养孩子的集体荣誉感。

同时，进入初中以后，孩子的自我意识逐渐增强，独立性在不断提高。家长需要帮助孩子认识到自己的心理变化，学会在新环境中接纳自我，消除内心冲突，从而建立良好的同学关系、师生关系。

四、让孩子卸下思想包袱，轻装前进

家长需要正确对待孩子进入初中后的第一次考试。孩子进入中学后，很想在第一次考试时考出好成绩来证明自己。因此，考试时孩子的心情可能比较紧张，容易怯场，影响正常发挥。所以，考试前家长千万不要给孩子施加压力，不能一味地强调成绩、忽略孩子的感受，给孩子造成精神上的负担。

如何应对考试，家长可以给孩子一些具体的指导：考试前，应该在全面复习的基础上抓重点；考试时，要有信心并保持头脑清醒，遇到一时做不出来的题目，可先放一放，待情绪稍稍稳定之后再做；考试后，应该理性看待考试成绩，借助考试成绩分析自己目前的学习水平，找到努力的方向。如果孩子第一次考试没有考好，应该和孩子一起分析原因：是原来的基础不牢固，还是对中学的学习不适应？如果是前者，家长应帮助孩子克服困难、树立信心；如果是后者，家长应帮助孩子改进学习方法、提高学习效率。为了让孩子保持正确的学习心态，家长要教育孩子理性看待考试、保持平稳心态。

总之，在开学初期，家长应帮助孩子卸下思想包袱，让孩子轻装上阵。

大作业

家长每天可以抽出一定的时间观察孩子，看看孩子目前遇到哪些问题，以便找出对策，帮助孩子解决问题。

第一阶段：了解孩子（3天）

家长需要了解孩子进入初中以后的学习情况和人际交往情况。比如：孩子是否会主动谈起新老师？是否会主动谈起认识的新同学？是否会和家长交流新课程及感兴趣的问题？可设计如下题目让孩子作答。通过孩子的回答，家长可以了解孩子在学习方面和人际交往方面的情况，及时掌握孩子的心理状态。

1. 很喜欢新学校。 是□ 否□

2. 觉得新同学都很容易相处。 是□ 否□

3. 觉得新老师对我很友好，很喜欢我。 是□ 否□

4. 在班级里很快就找到了新的朋友。 是□ 否□

5. 七年级的课程和六年级相比难太多了，我有点儿忙不过来。 是□ 否□

6. 每天老师讲的内容都消化不了。 是□ 否□

7. 学习压力好像突然就大了。 是□ 否□

8. 死记硬背对于七年级学习来说好像不管用了。 是□ 否□

第二阶段：观察孩子（5天）

家长需要观察孩子的情绪状态，是愉快还是不愉快；观察孩子的情绪状态，是情绪饱满还是无精打采；检查孩子作业的正确率，了解孩子是否消化了所学的知识。对照如下表格进行观察。

内容	第一天	第二天	第三天	第四天	第五天
心情愉快					
赞扬老师					
夸奖同学					
写作业时专心认真					
作业的正确率较高					
主动复习、预习					

第三阶段：与孩子交流（5天）

家长可以就了解和观察到的问题，和孩子进行沟通，并将沟通的内容记录下来。沟通的问题应该是具体的，比如环境适应、学习情况、人际交往等。家长根据孩子的实际情况，与孩子多交流，让孩子说出哪些方面遇到困难，给予孩子支持。如果孩子不愿与家长面对面交谈，可设计如下的备忘卡，让孩子填写。

备 忘 卡

1. 说一说你喜欢的新同学，他（她）有什么特点？说一件跟他（她）有关的趣事。
2. 你喜欢哪个老师？为什么？说一说跟他（她）有关的事。
3. 你喜欢哪门课？不喜欢哪门课？为什么？
4. 学习哪门课程有困难？你希望得到什么帮助？
5. 对于学校的生活和学习，你觉得还有哪些困难？你希望家长和老师怎么帮助你呢？

第四阶段：找出对策（15天）

如果孩子能顺利适应新生活，家长应该给予鼓励。如果孩子遇到一些问题，家长可以帮助孩子分析问题并提出相应的对策。

如果是人际交往方面的问题，家长可以引导孩子发现新同学、新老师的长处，从心理上认可他人；提醒孩子多和老师、同学交流，增进双方的了解；在节假日，孩子可以与同学一起行动，如一起打球、一起写作业，增进友谊。

如果是学习方面的困难，家长可以引导孩子养成课前预习、课后复习的学习习惯。如果孩子在预习或复习的过程中遇到困难，家长可与孩子一起讨论解决办法。但需要注意，不能让孩子养成依赖心理，不能一有困难就找家长，而是要鼓励孩子尝试独立解决困难，培养学习独立性。

请将需要解决的问题及对策记录下来。

我遇到的问题	采用具体策略	效果

第五阶段：总结（2天）

让孩子比较自己前后的变化，总结经验，培养孩子独立解决问题的能力，并将情况记录在下表中。

遇到的不适应	孩子怎么想	家长怎么引导	孩子的变化	下一步计划

续表

遇到的不适应	孩子怎么想	家长怎么引导	孩子的变化	下一步计划

第二课

别再把我当孩子

——理性看待孩子的逆反心理

七年级的孩子已经进入青春期，生理和心理发育迅速，独立意识和逆反心理增强，逆反行为增加，可能会出现"父母不让做的事我偏要做""跟父母和老师对着干"等行为。

青春期出现逆反心理是成长过程中的正常表现，它是青少年想摆脱父母的照顾和管束，追求自我独立的体现。此时，如果家长不能理性地应对，选择和孩子"对抗到底"，会影响孩子与父母的正常关系，导致亲子关系紧张，甚至影响孩子的正常生活。如果父母和孩子长期保持"对抗"关系，可能会导致孩子越来越"叛逆"，心理发展不健康。

"逆反期"其实是一个人从儿童到成人的重要过渡时期，是孩子从幼稚走向成熟的重要转折。因此，家长需要重视子女这一时期的心理状况，采取理性的态度，给予孩子适当的指引，帮助孩子顺利度过"逆反期"，为孩子的自我认同、自我整合和以后的幸福生活奠定良好的基础。

案例一

家长甲：

我女儿然然小时候是个聪明又乖巧的孩子，可自从上了七年级，整个人就变了。任何事情她都喜欢自作主张，只要我们插句话，她就不痛快，提醒我们她已经是"大人"了。有时为了气我们，她还故意跟我们反着来。我想让她学钢琴，她非要学街舞；让她穿的衣服她偏不穿，不让她穿的衣服她偏要穿；问她考试成绩，她明明考得还行,却故意说不好。最近我们挺担心她,就想找个机会跟她聊聊,没想到她皱着眉头、冷冰冰地说:"没见我正在忙吗?走开,走开!"

案例二

家长乙:

上初中后,我和儿子明明经常为了一些小事吵架。有一次,明明想把刚脱下来的T恤衫叠起来。我告诉他从下摆开始叠更方便,褶皱也会少一些。但他却很恼火,说他想怎么叠就怎么叠,还说"所有的孩子都穿有褶皱的T恤衫"。说了几句,我们母子俩便大声吵了起来。他把T恤衫揉得皱巴巴的,扔到地上,然后就气冲冲地跑了。

案例分析

一些家长可能认为,孩子升入七年级,长大了,应该越来越听话、越来越懂事。结果现实却是相反的,孩子升入七年级后,变得越来越"不听话"了。就像案例中家长甲和家长乙遇到的情况一样,孩子怎么就"莫名其妙"地和家长顶嘴了?

一、孩子反抗意识的产生

七年级的孩子一个显著的特点就是变,生理上在变,心理上也在变。随着身体的迅猛发育,他们在心理上的"脱胎换骨"也开始出现了:自我意识逐渐清晰,独立意识日益增强,并产生"我是大人了"的意识。如果家长这时仍然把他们当孩子看待,一味让他们接受家长的意见和安排,便会令他们气愤,让他们反感。为了表达自己的不满,有些孩子可能会和家长对着干,甚至对家长的善意帮助与合理要求也不买账。于是,家长觉得孩子越来越任性。

有时,孩子其实知道自己做得不对,可依旧想要那么做,目的是证明自己的"存在"。他们的自尊感明显增强,希望自己能像成年人一样受到尊重,做事喜欢自作主张,不希望成年人干涉,渴望独立,希望能和家长、老师平等对话。他们对家长不再"唯命是从",还可能觉得家长管得太严、太宽,容易产生反抗心理。就像案例中的然然和明明,他们为了表现自己是有独立见解、能独立行动的"大人",拒绝接纳家长的建议,以体现"我长大了""我有自己的想法了"的自我认知。

二、家长不正确的教育观念和教育行为

1. 不正确的观念和心态

有的孩子表现得很极端、很逆反,实质上是家长长期以来不正确的教育观念造成的,是"高高在上""过于专断""不尊重孩子"等教育行为造成的结果。

首先,传统文化讲究"孝顺"。一些家长误认为"孝顺"就是孩子要规规矩矩听话,孩子稍有不从,便会受到批评,被冠以"逆反"的帽子。

其次,"望子成龙""望女成凤"的观念广泛存在。一些家长希望孩

子按照自己设计的路线成长，忽略了孩子的想法，对孩子过度施压，从而导致孩子出现"逆反行为"。

最后，家长没有处理好自己的心态。一些家长可能被两种心态掌控着：第一，你是我生的、养的，所以你要听我的话，要按照我的要求去做，甚至像我一样去思考；第二，你还小不懂事，不知道人情冷暖，不知道社会竞争的残酷，不知道什么该做什么不该做，而爸爸妈妈爱你，所做的一切都是为了你，所以你要听爸爸妈妈的。这些心态可能导致家长对孩子管控过严过细，孩子没有自主行事的空间。久而久之，加重了孩子的"逆反心理"。例如案例二中，家长对明明的过细管控，就引起了孩子的不满。

2. 缺乏适当的引导

有些家长对孩子要求过高、过多，既希望孩子学习好，又希望孩子有才艺。这些家长要求孩子各方面都比其他同学优秀，但一些要求脱离了孩子的实际情况，对孩子来说是一种无形的、被强加的、不正常的压力。

有些家长只重视孩子的学习分数，不重视孩子能力的培养、个性的发展，限制了孩子的交往范围，禁止孩子做与学习"无关"的事情，使孩子生活单调枯燥、精神负担加重。

有些家长由于工作繁忙或认知差异，对孩子采取"放养模式"，偶尔与孩子交流，也只关心孩子的成绩好不好，不了解孩子在生活中是否遇到什么困难、是否适应初中生活、与同学的交往情况是否顺利等具体情况。

面对孩子的反抗行为，家长如果采取不适当的应对方式，可能会造成负面效果：打骂、体罚的教育方式不但不能使孩子认识到错误，还可能会使孩子产生强烈的抵触情绪，甚至走向极端；哄骗、利诱的教育方式不利于孩子树立良好的生活目标和学习目标,不利于孩子形成健康的价值观;讽刺、挖苦的教育方式会使孩子产生自卑心理、失去信心,对家长的教育产生反感;溺爱、迁就的教育方式会使孩子变得娇生惯养,更加为所欲为。

总而言之,如果家长对孩子进行不适当的引导,不能满足孩子成长的需要,可能使孩子产生对立情绪,甚至与家长发生冲突。

☆ 了解孩子

您的孩子进入叛逆期了吗?请按下列事项认真观察,符合孩子行为的选"是",不符合孩子行为的选"否"。每项选"是"计1分,选"否"计0分。得分较高,说明您的孩子可能进入了"叛逆期",家长需要了解这个时期孩子的心理特点,帮助孩子顺利度过这一阶段,为孩子未来的发展打好基础;得分较低,说明孩子与家长关系良好,需要继续保持。

1. 不愿与家长交流。 是☐ 否☐
2. 总是觉得家长管着自己,开始和家长顶嘴。 是☐ 否☐
3. 总对家长说"你们别管了,烦不烦呀!"之类的话。 是☐ 否☐
4. 抱怨家长和自己有代沟,不理解自己。 是☐ 否☐
5. 觉得家长的"苦口婆心"是"虚情假意",是为了控制自己。 是☐ 否☐
6. 和家长说不了几句话就开始吵架。 是☐ 否☐
7. 情绪起伏很大。 是☐ 否☐

8. 经常自作主张。　　　　　　　　　　　　　　是 ☐ 否 ☐

9. 希望家长不要干涉自己的处事自由和交友自由。是 ☐ 否 ☐

10. 不愿意与家长分享自己的快乐、倾诉自己的烦恼。是 ☐ 否 ☐

💬 建议

叛逆期，即孩子的"心理断乳"期。"心理断乳"期是指青少年在成长过程中逐渐摆脱对家长的依赖，从家庭走向社会、由幼稚走向成熟的过渡时期，是孩子成长的重要转折时期。孩子对"孩子气"的刻意回避，对成人的刻意模仿，对家长"权威"的挑战，都是这一时期的正常表现。那作为家长的您，知道应该如何对待孩子的这些表现吗？

一、理性应对孩子的反抗行为

青春期的孩子可能控制不好自己的情绪。当他对家长的管教不服气时，情绪可能会比较激动，会对家长发脾气，有一些过激的言语和行动。这时家长千万不要跟孩子"硬碰硬"，而要想办法控制住孩子的情绪，把事情放一放，等到孩子心平气和之后再和他讲道理。因为在孩子心情平和的时候，家长批评他几句，他愿意听，也听得进去。而孩子在生气的时候，即使家长有理，孩子也不会买账，还会故意与家长顶嘴。当孩子顶嘴时，如果家长不能控制情绪，会导致矛盾升级，甚至拳脚相加，容易使孩子对家长产生敌对情绪、记恨家长，个性要强的孩子可能会离家出走。因此，针对这一阶段孩子的反抗心理和表现，家长要放平心态，正确看待。

首先，孩子的反抗有积极的一面。表面上，孩子与家长顶嘴是不听话的表现。实际上，这是孩子"长大了"的外在表现，是孩子心理成熟和精神成长的必经过程。就像蛹蜕变为蝴蝶需要经历多次蜕皮一样，孩子的心理成长也是一个反复的、不断纠正错误的过程，家长要理解孩子反抗心理背后的心理需要。

其次，孩子的反抗行为是在不断变化的。从发展的角度看，随着孩子年龄的增长，他们的自我意识在不断觉醒和修正，孩子的反抗行为也会不断变化，可能减少也可能增加。因为，孩子从不成熟到成熟是一个逐渐发展的过程。在孩子反抗心理严重时，一些家长会觉得家里暗无天日、看不到头。这是一种消极的心态，家长需要及时调整。

最后，用平和的心态来看待孩子的逆反心理。既然逆反心理是孩子成长过程中正常的表现，家长就要学会平和地接受。当家长接受孩子的变化时，孩子也就更容易接受家长，逆反行为会相应地减少。家长的心态越平和，应对越恰当，孩子的心态也就越好，亲子之间才能达成良性互动，良好的亲子关系才能逐步建立。

二、建立平等的亲子关系

首先，倾听孩子的心声。要想让孩子"听"家长的话，家长首先要"听"孩子的话，做一个好的倾听者。只有听得多了，家长才能对孩子有更多了解，才能更好地走进孩子的内心世界。在充分了解孩子的所思所想后，家长可以对孩子的想法和判断提出建议，明确地指出哪些想法和判断是不合适的，是家长不能接受的。家长在批评教育孩子时，应少一些武断和鲁莽，表达对孩子的理解，使孩子更容易接受家长的意见。如果孩子感受到家长态度是友善的、能够理解自己、能够设身处地为自己着想，他自然会接受家长的意见，而不会选择与家长对着干了。

其次，建立平等的亲子关系。受传统观念的影响，有些家长理所当然地认为孩子应该听家长的。他们常常以长辈自居，习惯居高临下地对孩子发号施令，要求孩子对自己唯命是从，孩子稍有不从或提出异议，便采取"高压政策"把孩子的嘴"堵"上。但是这些家长忘了孩子是独立的个体，他们一天天长大，拥有自己的思想、个性和情感。他们不会简单地遵从家长的指令。当孩子认为自己是对的时候，他就会坚持己见；当孩子认为自己受到家长不公平的待遇时，他就会反抗。因此，要想让孩子少"顶嘴"，家长必须改变原有的做法，把自己放在和孩子平等的位置上，像对待成人一样对待孩子，像对待朋友一样与孩子沟通交流。

最后，家长在教育孩子时要给孩子选择的权利，抓大放小。家长不要对孩子管得过严过死，不要对孩子的每个细节都指手画脚，不要一切事情都由家长来决定。否则，孩子会觉得很委屈，会觉得家长对自己不信任、不尊重，觉得自己的自主权被剥夺了。对于孩子的行为，家长不要急于干涉，而是要先问一下自己："孩子的行为是否会对孩子产生不好的影响？"如果影响不大，就让孩子自己决定。家长把握大的方向，同时尊重孩子的选择。比如：鼓励孩子参加体育锻炼，让孩子根据现有的场地资源、同伴资源选择自己喜欢的运动方式，具体选择什么运动，让孩子自己决定；鼓励孩子和诚实、上进的孩子交友，至于选择哪些朋友，则给孩子自由；让孩子衣着大方，具体穿什么，则让孩子自己选择。

三、和孩子成为朋友

不少家长发现，孩子升入初中后，和自己说话越来越少了。这是因为初中生的情感依托对象发生了变化。上小学前，孩子依赖家长；上小学后，老师对孩子来说就是"权威"；到了初中，孩子的情感依托对象则是同龄伙伴。此时，孩子会更注重自己的隐私，不愿意与家长交流。这给家长了解孩子带来了一些困难。如果家长想走入孩子的内心世界，决不能靠偷听电话、偷看日记等方法。好办法只有一个，就是改变自己，培养共同话题，使自己成为孩子的"伙伴"。比如，孩子喜欢航母，家长就可以和孩子一起收集相关信息，和孩子聊一聊航母的发展、现有航母的类型、我们国家现有航母的特点。这样家长和孩子就有话可说，孩子也会感觉家长了解他、理解他，愿意敞开心扉。只有进入孩子的内心世界，家长才能了解孩子的想法和情感，从而与孩子和谐相处。

大作业

第一阶段：观察与反思（3天）

　　家长观察孩子在处理问题、对家长的态度等方面，有没有和以前不一样的地方。当孩子与家长的意见出现分歧时，孩子是否会坚持自己的意见？是否会考虑家长的意见？家长思考自己是否还把孩子当成小学生？是否一味地要求孩子接受自己的意见？通过观察与反思，家长找出自己在教育方面的不足之处。

第二阶段：和孩子共同记录冲突事件（7天）

　　家长和孩子达成约定，详细记录每次冲突事件，可参考下表。

时间	冲突事件	子女的意见	家长的意见

续表

时间	冲突事件	子女的意见	家长的意见

第三阶段：协商冲突事件的解决方案（15天）

结合反思以及对冲突事件的分析，家长应该与孩子进行真诚交流。家长应该勇于承认自己的不足，再指出孩子的不足。双方都进行反思，共同协商解决方案并记录下来。

冲突事件	家长反思自己的不足	孩子反思自己的不足	协商解决方案

第四阶段：总结（5天）

在双方协商讨论之后，家长可以和孩子一起讨论如何改变。家长要反思自己在教育方面需要改变的地方，与孩子进行交流。孩子也对自己的表现进行评价,既要肯定自己的进步,也要分析自己的不足,从而明确未来的努力方向。

	亲子备忘录	
孩子自评	以前遇到亲子冲突时,孩子的表现:	
	现在遇到亲子冲突时,孩子的表现:	
	孩子进步的体现:	
	未来需要改进的地方:	
家长自评	以前遇到亲子冲突时,家长的态度:	
	现在遇到亲子冲突时,家长的态度:	
	家长对教育措施的反思:	
	未来需要改进的地方:	

第三课
我是家庭一成员

——培养孩子的家庭责任感

古人云:"天下兴亡,匹夫有责。"责任感,是指自觉把分内的事情做好的态度和意识,是一种非常重要的品质。有人说过,一个人要是没有热情,他将一事无成,而热情的基点正是责任心。

责任感对一个人立足于社会、获得事业成功与家庭幸福起到至关重要的作用。中学生作为社会主义的建设者和接班人、未来社会的创造者,应当承担对自己、对他人、对社会的责任,并在学习承担责任的过程中不断成长。

现实生活中,家长包办代替的教养方式可能会使孩子养成"衣来伸手,饭来张口"的习惯,凡事以自我为中心,缺乏对家人的关心、对家庭的责任感。这不利于孩子责任感的培养,不利于孩子独立人格的养成。所以,家长应该重视培养孩子的责任心,通过帮助孩子树立家庭观念,培养他的家庭责任感。

案例一

纪实公益电影《罪爱》讲述了一个悲伤的故事。主人公叫杨锁,他的父母对他十分疼爱。由于溺爱,杨锁的父母舍不得让儿子干活,都是杨锁看着父母干活。有时杨锁想帮忙,父母立即制止:"哎呀儿子哎,你别把手弄脏了!""我的乖儿子唉,你可万万别累着了!"

13岁时,杨锁的父亲去世了。家里的田地没人耕种,杨锁妈妈只得叫杨锁帮忙去干些活。可杨锁根本不想干,妈妈说多了,他就和妈妈顶嘴，甚至打妈妈！妈妈没办法，依然宠着他、惯着他。妈妈里里外外承担着一切农活和家务，积劳成疾，还要给自己熬中药，拖着病体给儿子做饭洗衣。杨锁依然每天玩耍，不帮妈妈干一点儿活。

18岁时，杨锁的母亲也去世了。但杨锁依旧什么也不想干，也不会干，开始流浪乞讨。据村民描述："他从来不洗衣服，穿脏了就扔掉再换一件。村里人给他的肉、菜，他都挂到屋檐上，直到臭了。"

有一年，冬天下了大雪，杨锁的堂哥担心杨锁没饭吃，就提着饭、拿着被子去杨锁家，结果发现杨锁已经饿死在家中。这一年，杨锁才23岁。

根据相关媒体报道，《罪爱》取材于真实的人物故事。

案例二

小亮的家里并不富裕，但他总爱和同学攀比。因为小亮觉得只有这样做，同学才不会笑话自己。

有一次，小亮发现班里一位同学买了一台最新款的平板电脑。回家后，小亮就要父母也给他买。父母说家里暂时没有钱，让他等一等。谁知小亮说："我好多同学都买了，要是我不买，多没面子呀，让人家怎么看你儿子呀？你们到底爱不爱你们儿子呀，怎么连个平板电脑都不给买！"小亮的父母也担心儿子没面子，于是想办法给他买了一台最新款的平板电脑。

三 案例分析

初中的孩子应该主动为家人做一些力所能及的事情，了解什么是家庭责任感。但由于家长的溺爱，有一些孩子不愿承担力所能及的家务活，只知道向家长索取，就像案例二中的小亮一样，这是为什么呢？可能有以下几个方面的原因。

一、家庭氛围的影响

家庭成员的关系会对孩子的家庭责任感产生重要影响。家长对自己的要求、对家庭的尊重、对个人言行举止的注意，都是潜移默化的教育。

如果家庭关系和睦，家长为家庭的发展共同努力，给孩子创造一个健康的成长环境，那么孩子也会受到熏陶。家长的家庭责任感会潜移默化地影响孩子，让孩子了解什么是家庭责任感。

如果家庭关系紧张，各个成员只考虑个人利益，不考虑家庭责任，便很难让孩子对家庭产生归属感和信任感，反而会产生逃避心理。在这种情况下，孩子可能不愿意待在家里，更不要说去承担家庭责任了。

二、家长"不合适"的爱

有的家长望子成龙，只注重在智力和物质方面的投资，忽略了对孩子自理能力的培养，忽视了孩子也是家庭中的一员，不注重培养孩子的家庭责任感。他们对孩子的衣食住行大包大揽，不给孩子自己动手的机会，希望孩子把所有的时间都花在"学习"上。

有的家长为了孩子的学习省吃俭用，甚至借钱，但他们把这些困难埋在心底，尽量不让孩子知道，案例二中小亮的家长就是这样。父母的溺爱与满足，换来的却是孩子的虚荣和享乐，让孩子养成了"钱是家长给的，没有了还可以再要"的心理。孩子不了解家庭的实际困难，自然也不会体谅家长的难处。

有的家长为了让孩子干家务活，就用给零花钱的方法。结果，孩子干活是为了零花钱，没有体会到这是自己作为家庭成员应尽的责任。

一般而言，不参与家庭劳动的孩子很难体会到父母的不容易，也不会意识到家里的困难。他们可能养成不好的行为习惯，如乱花钱、爱攀比、不关心家人。此时，如果家长不给予孩子合适的指导，孩子便很难树立家庭责任感。

三、不合适的教育观念

有的家长过于关注孩子的成绩，导致一些孩子学业负担过重。这些孩子每天都有写不完的作业，回到家后就一头扎到作业中，无暇关心其他事情。为了不耽误孩子的"学习"，家长选择包揽所有的家务。时间久了，孩子可能会认为只有"学习"才是正事，认识不到自己应承担哪些家务。

有的家长不断向孩子灌输考个好成绩、考所好学校的重要性。这使得孩子只关注自己的"成绩"，只关心自己的"努力"和"奋斗"。这些孩子往往对家长有很多要求，当这些要求得不到满足时，他们常常会怨气冲天。这些孩子可能会认为"我的任务就是努力学习，其他的事情和我没有关系"。这种想法导致孩子逐渐形成了以自我为中心的性格，忽视家庭成员的付出。他们很少考虑自己应承担哪些家庭责任，很少思考自己可以为家庭、为他人、为社会做些哪些有意义的事情。

☆ 了解孩子

您的孩子是否具备家庭责任感？请按下面的事项认真观察，符合孩子行为的选"是"，不符合孩子行为的选"否"。每项选"是"计1分，选"否"计0分。得分较高，说明孩子的家庭责任感较强；得分较低，说明需要您在生活中引导孩子树立家庭责任感。

1. 主动做力所能及的家务。　　　　　　　　　是□　否□
2. 如果家中遇到困难，尽力分忧解难。　　　　是□　否□
3. 不向家长提过分的要求。　　　　　　　　　是□　否□
4. 和家长一起分享欢乐的事情。　　　　　　　是□　否□
5. 关心家庭收入，了解家庭的经济状况。　　　是□　否□
6. 孝敬长辈。　　　　　　　　　　　　　　　是□　否□
7. 合理花钱。　　　　　　　　　　　　　　　是□　否□
8. 在日常生活中会关心家长。　　　　　　　　是□　否□
9. 勇于承担自己做错的事情。　　　　　　　　是□　否□
10. 有很强的独立性，自己的事情自己做。　　 是□　否□

💬 建议

古人云："一屋不扫，何以扫天下？"家庭责任感是指个体对于家庭的认知、情感以及承担家庭责任和义务的相应行为。家庭责任感是良好道德品质的重要组成部分。就履行对象来讲，主要包括对家人的责任感和对自己组建家庭的责任感。在初中阶段，最重要的是培养孩子对家人的责任感（特别是对父母的责任感）。在家庭生活中，子女扮演着很重要的角色，要承担相应的责任。家长应该让子女从基本家务劳动做起，逐步增强孩子的责任意识和能力，让孩子自觉承担对家庭的责任。

一、做孩子的榜样

如果家长希望孩子关心家人，就应该做孩子的榜样，主动关心家人，培养孩子的家庭责任感。对自己喜欢和崇拜的人，孩子会进行模仿。而家长是孩子重要的榜样，家长的言行举止对孩子有深远的影响。很难想象，一个对孩子、对长辈、对爱人、对家庭、对社会毫无责任感的家长，能够培养出具有很强责任心的孩子。

现实生活中，有的家长不尊重自己的另一半，在生活中经常贬低对方；有的家长不孝敬自己的长辈，在交流中会对长辈爆粗口；有的家长不关心自己的家人，在休息时间热衷与朋友打牌玩乐，不愿意陪伴家人。家长的所作所为，孩子都看在眼里、记在心上，会不由自主地去模仿。这样的家长即使想培养孩子的责任感，孩子也会不服气、不认同。

所以说，家长只有严于律己，给孩子做好榜样，才能更好地去影响和教育孩子。

二、委以孩子"重任"

近年来，家长间流行一句话："孩子要用，越用越能干，越用越顺手。"所谓"用"，就是要让孩子做力所能及的事情，帮家长分担一些事情，这就是"委以重任"，如让孩子教长辈用手机。

家长要尽可能地"重用"孩子。如果家长过于"能干"，孩子就可能失去了锻炼的机会，越来越依赖家长。相反，如果家长表现得"弱"

一些，给孩子提供展示本领的机会，孩子便有可能意识到自己的责任，从而培养孩子的家庭责任感。比如，家长和孩子共同完成一件事后，可以告诉孩子："这件事情能成功，全靠你了！"这能唤起孩子的责任感。

首先，家长要让孩子学会自我服务，让孩子去做一些力所能及的事情。比如，自己的房间要自己打扫，自己的袜子要自己洗，起床后要整理自己的床铺，早晚洗漱要自己完成，家庭作业要自己完成，自己说过的话要负责。

其次，家长应该让孩子学会为他人服务。在家庭生活中，孩子除了要做好自己的事情，还要关注家庭中的其他家务。比如：地板脏了，孩子发现后应该主动打扫；做饭时，孩子应学习做一些简单的饭菜；吃完饭后，孩子应该学会主动洗碗。

在现实生活中，有的家长认为孩子干家务影响学习，有的家长认为家务不用学，长大后自然会。这些家长选择把家务全包了，其实这都是对孩子家庭责任感的"扼杀"！试想，一个对家务一窍不通、不管不问的孩子，怎么能掌握独立生活的本领？一个没有体验过家务辛劳的孩子，怎么能够理解家长、体贴家长？所以，要想培养孩子的家庭责任感，家长必须引导孩子参加家务劳动。如果孩子学习任务较重，家长可以让孩子承担一两项力所能及的家务活。通过参与家务劳动，孩子会意识到自己是家庭中的一员，树立为家庭负责的观念。

三、让孩子参与家庭决策

家庭决策时，家长是否需要听取孩子的意见？有的家长认为孩子年纪小、社会经验少，不能帮忙做家庭决策，因此家庭决策不用征求孩子的意见，由大人商量决定。其实，这种做法并不妥当。

让孩子参与家庭决策、发表意见的意义在于给孩子一个角色、一个位置，让孩子觉得自己是家庭的重要成员。这既是对孩子的尊重，也有利于培养孩子的家庭责任感。在参与决策的过程中，孩子可以了解家庭的基本情况，学习组织家庭活动。特别是涉及孩子的决策，家长应该让孩子参与，给予孩子参与决策的权利，让孩子学会为自己的决策负责。

四、帮助孩子树立责任意识

在现实生活中，有的家长会感叹：现在的孩子不懂得心疼家长。有人说，对父母铁石心肠的人，大多生长在对子女百依百顺、一味迁就、没有任何要求的家庭。在这样的家庭里，孩子的生活乐趣在于自己可以得到什么，而不考虑自己可以为他人做什么，缺乏基本的责任意识。因此，家长应该在生活中渗透责任教育，让孩子明白关爱家庭、关爱长辈是应尽之责。

首先，家长要让孩子懂得责任和义务是相互的。父母要抚养和教育子女，子女要赡养父母，不仅是社会规范的要求，也是法律的规定。不懂得承担责任和履行义务的人，不仅会受到社会舆论的谴责，还有可能受到法律的制裁。

其次，家长要适当"示弱"。有时候，家长可以向孩子"诉诉苦"，告诉他们"今天工作好累，遇到了哪些不顺心的事"。一些家长认为，孩子还小，不能理解大人的烦恼、帮不上忙，因此他们不愿意跟孩子说自己的烦恼和辛苦。其实，向孩子适当"诉苦"并不是希望孩子能帮助家长解决问题，而是希望孩子能理解家长、了解家庭、认识社会。

最后，家长应以身作则，感谢孩子对家庭的付出。在生活中，孩子帮家长解决问题的时候，家长要学会说"谢谢"。毕竟，言传身教比空洞说教更有效。比如，孩子帮家长取快递，家长应该对孩子说"谢谢"。

大作业

第一阶段：角色互换（7天）

让孩子扮演家长的角色，对家长角色进行观察和体验，并记录家长每天的劳动和自己的体会。家长可就以下几方面指导孩子做好记录，并讨论差距。

每日任务	体会	差距 （可改进的地方）
第一天：了解家长一天的工作及家务劳动情况		
第二天：清洗家人的衣物		
第三天：打扫家人的房间		
第四天：安排全家的食谱，参与做饭		
第五天：制订周末计划，准备好必需品		
第六天：尝试承担家长要求之外的家务劳动		
第七天：制作一周收入与支出明细表		

第二阶段：履行职责（14天）

让孩子选择一项家务作为自己的家庭职责，并在未来两周坚持下去，如饭后刷碗、每天收拾自己的房间、周末帮助家长大扫除等。

时间	家务工作具体内容	完成情况	需改进的地方	为家人做的其他工作

第三阶段：小鬼当家（7天）

这个阶段，家长可以让孩子来"当家"。观察孩子在家务劳动、理财支出等方面的表现，判断孩子有没有主人翁的意识，是否了解自己对家庭的责任。在这个过程中，以"今天我当家"为题，让孩子记录自己在当家过程中遇到的问题及解决措施，帮助孩子明白自己肩负的责任，增强主人翁意识。

时间	感受
第一天	
第二天	
第三天	
第四天	
第五天	

续表

时间	感受
第六天	
第七天	

一周后，让孩子总结"当家"的感受，明确自己今后应该承担的责任：

第四课

我的未来，美丽的梦

——培养孩子的生涯规划意识

从个人发展上看，初中生的一个突出特点就是独立意识增强。随着生理和心理的成熟，他们的逻辑思维、自我意识加强，世界观、人生观、价值观逐渐形成，对自己的兴趣、爱好及志向有了初步的判断，个人的生涯规划意识也开始逐步发展。

因此，在这一时期培养孩子的生涯规划意识是很有必要的。培养孩子的生涯规划意识，能够使孩子对自己的兴趣、爱好、个性、能力有进一步的了解，明确未来学习和成长的目标，形成积极向上的态度。同时，这也能帮助孩子学会做计划并付诸实施，提高整体规划能力，知道自己接下来能干什么、应该干什么，摆脱迷茫的状态。

案例一

他们是一对普通家庭出生长大的兄弟，却实现了人类飞天的梦想。他们就是飞机的发明者莱特兄弟，哥哥是威尔伯·莱特，弟弟是奥维尔·莱特。

莱特兄弟从小就对机械充满兴趣，喜欢拆弄旧时钟、磅秤等物件。有一年，莱特兄弟的爸爸给他们带回了一个"蝴蝶"玩具，爸爸告诉他们，这是飞螺旋，能在空中高高地飞。"鸟才能飞呢，它怎么也会飞？"莱特兄弟有点怀疑。爸爸当场做了表演。他先把上面的橡皮筋扭好，一松手，它就发出呜呜的声音，向空中高高地飞去。两兄弟这才相信，除了鸟、蝴蝶之外，人工制造的东西也可以飞上天。于是，他们便把它拆开了，想从中探索一下，它为何能飞上天去。从这以后，在他们的幼小心灵里，就萌发了一个想法，将来一定要制造出一种能飞上蓝天的东西。家里的大人也热情鼓励莱特兄弟去追求梦想，去调查研究一切奇特的现象。

1903年，莱特兄弟首次试飞了"飞行者一号"。这也是人类历史上第一架真正意义上的飞机。

案例二

黄均学毕业于重庆市的一所职业高中。通过二十多年的执着追梦和不懈奋斗，他从一名普通的职高毕业生，逆袭成为三家企业的创始人兼董事长。

"和很多农村娃一样，我只想学门技术，早日赚钱为父母分忧。"黄均学初中毕业后选择了职业高中的计算机和电子专业，毕业后在家乡开了家电器维修店，但他并不满足。三年后，他决定去广东学习先进的电子技术，应聘进了广东一家大型企业，成了一名一线技术员。他非常珍惜这来之不易的机会，努力钻研专业技术。2012年，黄均学开始创业，他将公司取名为承恩自动化设备有限公司，提醒自己不论何时都要有承担、懂感恩。2016年，黄均学的公司营业额突破4 000万元，成为了广东省的高新技术企业，成为美的、海尔等知名企业的合作伙伴。

取得成功后的黄均学深知单打独斗的困难，时常思索如何回报社会和国家。黄均学说："国家在大力发展职业教育，又积极倡导工匠精神。我有实体企业，如果与学校合作，不就打通了学校培养人才和企业发展用工的最后一公里？"2017年，黄均学受聘成为母校的兼职讲师。之后，黄均学与母校签订了企校合作协议。现在，打造自动化领域蓝领工人的成长"摇篮"已成为黄均学新的梦想。

黄均学说："没上大学不要紧，只要掌握一技之长，又肯不断地钻研学习，行行都能出状元！"

（资料来源：重庆日报《职高生黄均学的"逆袭路"》《大足工业园区私企老板：打通学校培养人才和企业用工最后一公里》）

案例分析

生涯是一个人职业、社会、生活和人际关系的综合，是一个人终身学习和发展的历程。生涯规划是一个人为实现人生目标而进行自我认识、规划和实践的过程。没有人生目标的人，就像一艘轮船失去了罗盘，只能在茫茫大海中随波逐流。而有明确人生目标的人，会为自己的目标而不懈努力，就像案例中的莱特兄弟和黄均学。因此，生涯规划教育的目的就是让孩子全面认识自己、了解社会，找到自己的生涯目标和发展方向，最终实现自我价值。

我国的生涯规划教育指导体系发展相对滞后，一般在大学阶段才开始。在大学生就业形势严峻、高级技术工人短缺的背景下，基础教育阶段生涯规划教育的重要性不言而喻。但是，一些家长和孩子对职业生涯规划却不够重视。原因可以从以下几方面进行分析。

一、家长对生涯规划认识不足

有的家长为孩子的一生设计了一幅"理想蓝图",很早就规划了孩子应该上哪所大学、学哪种专业。但在这个过程中,很多家长并没有考虑孩子的爱好和理想,而是强迫孩子按他们设计的轨道发展。在这种情况下,孩子可能会认为自己是为了父母而学,学习缺乏主动性和积极性。

有的家长只关注孩子当下的成绩,而忽略了孩子的未来发展规划。一些家长甚至错误地将教育理解为升学和分数,忽略了教育的目的是培养一个全面发展的人。在这种观念的影响下,家长怎么可能去关注孩子的兴趣爱好和内心需求?孩子也可能只关心学习成绩,而不去思考自己未来要学什么专业、从事什么工作。

随着社会竞争加剧,家长这种望子成才、追求分数的心态是可以理解的。但家长需要注意,孩子有自己的思想和情感,有自己的兴趣、志向和理想。如果家长忽略孩子的想法,要求孩子按照自己的规划前进,可能会对孩子造成消极影响。一名成绩优异的学生在作文中写道:"我觉得自己像一只被剪断翅膀的小鸟,一直被关在笼子里,不愁吃喝,可是等到长大的时候,却发现自己已经连走路都不会了。"这个生动的比喻表达了孩子的无奈,他渴望挣脱家长的"保护",却又无法真正摆脱这种依赖。试问在这样的心态下,孩子还能有什么能力主动规划自己的人生?

二、孩子对生涯规划缺乏了解

现在,生涯规划越来越受到重视,一些初中的孩子通过各种信息平台,对生涯规划有一定的了解。但是由于学业压力,他们很少思考自己未来想做什么工作,自己的人生价值应该如何实现。除了日常能接触到的职业外,他们对社会上的其他职业缺乏了解,对职业的概念还比较模糊。他们对理想职业的了解可能主要来源于电视剧、电影等媒体中的光鲜形象。这些职业看上去比较有趣、似乎不太辛苦，又能赚钱。但实际上他们对于不同职业的工作内容和要求知之甚少。

一些孩子能说出自己的人生理想，可对于达到理想该具备什么素质、怎样才能拥有这些素质、怎样通过奋斗去实现理想等具体问题，思考也比较有限。

三、社会偏见的影响

受一些社会偏见的影响，部分家长和老师认为只有考上普通高中才是"正路"，如果考不上普高，读职高不如去打工。而职高的学生也可能感觉自己不被理解与尊重。其实，职业教育是我国教育体系的重要组成部分，肩负着培养多样化人才、传承技术技能的任务。我国职业人才缺口较大，市场供需不平衡，很多企业对人才的需求都集中在技能型人才上。在这样的背景下，职业院校的学生早已成为就业市场的"香饽饽"。火热的就业形势也带来了良好的"钱景"，对于拥有一技之长的职校毕业生来说，薪水超过很多办公室白领是一件很正常的事情。

因此，家长应该消除对职业教育的偏见，了解相关政策和产业发展，为孩子的生涯规划提供更多选择。

☆ 了解孩子

您的孩子是否具有生涯规划意识？请按下面的事项认真观察，符合孩子行为的选"是"，不符合孩子行为的选"否"。每项选"是"计

1分，选"否"计0分。得分较高，说明您的孩子已经在关注自己以后的发展方向；得分较低，说明您需要多多引导孩子树立生涯规划意识。

1. 有自己的人生目标。　　　　　　　　　　　　是☐ 否☐
2. 有将来从事哪类职业的打算。　　　　　　　　是☐ 否☐
3. 会关注社会需要哪些人才。　　　　　　　　　是☐ 否☐
4. 知道什么样的人算"人才"。　　　　　　　　　是☐ 否☐
5. 有自己的兴趣、爱好及特长。　　　　　　　　是☐ 否☐
6. 知道现实和理想之间的差距。　　　　　　　　是☐ 否☐
7. 经常向您称赞某个职业群体。　　　　　　　　是☐ 否☐
8. 了解自己的长处和不足。　　　　　　　　　　是☐ 否☐
9. 经常关注某一个职业或岗位。　　　　　　　　是☐ 否☐
10. 会找出自己与理想职业的差距，并努力改进。　是☐ 否☐

💬 建议

　　生涯规划是指一个人对自己生涯过程的安排。在安排过程中，个人能依据各阶段的条件，发挥自我潜能，运用有关资源，达到各阶段的目标，最终完成自己的生涯目标。由此可见，生涯规划不仅仅是对职业的设想，也是人们决定怎样走过一生的规划。因此，为了孩子的幸福，家长有必要培养孩子的生涯规划意识。

一、帮助孩子培养规划意识，确定人生目标

　　想要有一个成功的人生，首先要明确目标。家长可以通过观察孩子

的日常喜好和特长，询问孩子对哪类职业比较感兴趣。在了解这些情况后，家长就可以结合自己对孩子的了解，引导孩子选择目标。孩子确定了人生理想，有了明确的目标，就有了自主学习的动力。

二、根据个性特长，对孩子的生涯规划给予引导

家长要帮助孩子认识自我，帮助他们分析自身的优势和劣势，分析社会环境中存在的机遇与挑战。家长可以和老师进行沟通，充分了解孩子的现有基础和综合条件，结合孩子的实际情况进行教育和引导。但对做出什么选择、树立什么目标、如何对目标进行分解和组合等问题，家长应该把决定权交给孩子。

一些家长提出疑问：现代社会瞬息万变，在初中就谈生涯规划，是不是有点儿早呢？的确，如今社会发展速度飞快，新职业不断出现，现在发展前景很好的职业，到孩子就业时未必如此。其实，培养孩子的生涯规划意识，并不意味着在初中就要决定孩子未来的发展方向。因为生涯规划是可以调整的，培养生涯规划意识的目的是让孩子拥有规划自己人生的能力。毕竟人生如在大海中航行，生涯规划意识就类似"导航系统"。如果孩子拥有生涯规划的意识和能力，即使未来航线发生变化，孩子也可以知道如何"航行"到新目标，不会迷失方向。因此，拥有生涯规划意识，培养生涯规划能力，能帮助孩子拥抱美好人生。

必须明确，孩子并不是家长理想的延续者，他们也没有义务去实现家长的规划，他们是独立的个体，有自己选择未来生活的权利。家长应尊重孩子的选择与兴趣，不能将自己所设计的人生规划强加给孩子，应鼓励孩子去规划设计自己的人生之路。作为家长，应该给孩子自主选择的权利与空间，做孩子一生的引路人和支持者，而不做操纵者。

三、帮助孩子培养坚定信念,"立长志"

一些孩子虽然明确了理想和志向,但目标带有一定的盲目性和幻想色彩。比如,今天看了一部电影,孩子就想去当演员;明天看了体操比赛,孩子又想去当运动员;后天去了天文馆,孩子便想去当宇航员。这些孩子常立志但又立志不长,想法多变,确定的目标带有一定的盲目性和幻想色彩,缺乏坚定的信念和为理想奋斗的恒心。

一些孩子则因为意志薄弱,经不住困难的考验。他们一次又一次地向家长保证,比如"明天我一定按时完成作业,以后我一定不会沉迷游戏"。但他们很快便忘记自己的诺言,或者觉得太难、做不到便马上放弃。他们确定的奋斗目标,也有可能在遇到一些小挫折后就改变。

在初中阶段,孩子可能不能对自己的人生进行精细规划,但家长可以引导孩子对将来的职业规划有一个大的方向,并从现在开始努力,让孩子意识到学习是为了实现自己的目标。一旦学习有了目标,孩子就更容易激发自己的主动性,战胜自己的惰性。

四、帮助孩子树立健康心态,鼓励孩子为理想奋斗

首先,家长应该告诉孩子,理想是高于现实的东西,美好的理想要转化为现实,需要经过努力、经过奋斗。奋斗是达到理想的阶梯。如果一个人不想努力、不愿奋斗,他的理想永远只是空想。

其次,家长要告诉孩子,为实现理想应脚踏实地。"不积跬步,无以至千里",实现理想要从现在做起,从小事做起。"一屋不扫,何以扫天下",一个不肯做小事的人,难以成就大事业。

最后,家长要告诉孩子,要乐观看待挫折。理想的实现不会是一帆风顺的,会遇到各种各样的挫折,只有以坚韧不拔的精神去面对挫折,以顽强的毅力去冲破险阻,才能实现理想。成功,往往要"再坚持一

下",才有可能实现。

五、了解职业教育,条条大路通"罗马"

一些家长认为,孩子要成才、实现理想,只有考高中、考大学一条路。一些家长认为孩子如果考不上普通高中就是"没前途的"。一些孩子也认为如果自己去读职业高中就是"废了",会自暴自弃。其实,这些想法并不正确。

在国家大力发展职业教育的背景下,职业教育与普通教育协调发展,"中职—职业专科—职业本科"的一体化职业学校体系逐步建立,上职业高中同样有美好的前景。

从升学路径上看,职业教育学生的上升通道逐步完善。我国职业学校教育分为中等职业学校教育和高等职业学校教育;中等职业学校有关专业实行与高等职业学校教育贯通的招生和培养;高等职业学校和实施职业教育的普通高等学校应当在招生计划中确定相应比例或者采取单独考试办法,专门招收职业学校毕业生。同时,国家还在探索在普通高等学校设置本科职业教育专业、在专科层次职业学校设置本科职业教育专业。这意味着,职业学校的学生不仅可以读大专,还可以读本科、读研究生,从法律层面畅通了职校学生的发展通道。例如,现在全国各省市都在建立、完善"职教高考"制度,畅通职业教育体系内部升学通道。

从求职就业上看,国家正在营造公平的就业环境,破除就业"门槛"。2022年修订的《职业教育法》明确提出:"用人单位不得设置妨碍职业学校毕业生平等就业、公平竞争的报考、录用、聘用条件。机关、事业单位、国有企业在招录、招聘技术技能岗位人员时,应当明确技术技能要求,将技术技能水平作为录用、聘用的重要条件。事业单位公开招聘中有职业技能等级要求的岗位，可以适当降低学历要求。"这些规定，从法律层面保障了职业学校学生的权益，为职业教育营造更加良好的发展空间，为各行各业都能"人尽其才"提供了保障。

大作业

对七年级的孩子来说，生涯规划不是进行具体职业的选择，而是通过对某一类职业的选择，确定未来的努力方向，从而明确现阶段目标的过程。

第一阶段：分析自我，确立目标（5天）

家长和孩子一起分析孩子的长处和短板，针对社会某个职业群体的要求，结合孩子的情况，思考将来的职业选择意向，如：是做学术研究工作还是做行政管理工作？是做咨询类工作还是销售类工作，或者是技术类工作？

对孩子的职业性向分析可参照美国著名职业教育专家约翰·霍兰德（John Holland）的职业兴趣测试。根据霍兰德的研究成果，按照不同的职业特点和个性特征，一般可以将人分为六类：现实型、研究型、艺术型、社会型、企业型和常规型。这六种类型的人具有不同的典型特征。每种类型的人对相应的职业类型感兴趣，人格特征和职业需求合理搭配。

请家长在孩子适合的职业类型中画"√"，可以有多项选择。

类型	素质要求	具体职业	孩子是否符合相关描述
现实型	1. 愿意使用工具，从事操作性工作； 2. 动手能力强，做事手脚灵活，动作协调； 3. 不善言辞，不善交际。	主要是指工程技术工作、农业工作。通常需要一定体力，需要运用工具或操作机器。 主要职业：工程师、技术员；机械操作、维修、安装工人；矿工、木工、电工、鞋匠；司机、测绘员、描图员；农民、牧民、渔民；等等。	
研究型	1. 抽象思维能力强，求知欲强，肯动脑，善于思考，不愿动手； 2. 喜欢独立的和富有创造性的工作； 3. 知识渊博，有学识才能，不善于领导他人。	主要是指科学研究和科学实验工作。 主要职业：自然科学和社会科学方面的研究人员；化学、冶金、电子、无线电、电视、飞机等方面的技术人员；飞机员、程序员；等等。	
艺术型	1. 喜欢以各种艺术形式的创作来表现自己的才能，实现自身的价值； 2. 具有特殊艺术才能和个性； 3. 乐于创造新颖的、与众不同的艺术成果，渴望表现自己的个性。	主要是指艺术创作工作。 主要职业：音乐、舞蹈、戏剧等方面的演员或编导、教师；文学、艺术方面的评论员；主持人、编辑、作者；画家、书法家、摄影家；艺术、家具、珠宝、房屋装饰等行业的设计师；等等。	

续表

类型	素质要求	具体职业	孩子是否符合相关描述
社会型	1. 喜欢从事为他人服务和教育他人的工作； 2. 喜欢参与解决人们共同关心的社会问题，渴望发挥自己的作用； 3. 比较看重社会义务和社会道德。	主要是指直接为他人服务的工作，如医疗服务、教育服务、生活服务等。 主要职业：教师、保育员、行政人员、医护人员；衣食住行服务行业的经理、管理人员和服务人员；福利行业的工作人员；等等。	
企业型	1. 精力充沛，自信，善于交际，具有领导才能； 2. 喜欢竞争，敢冒风险； 3. 喜爱权力、地位和物质财富。	主要是指组织他人共同完成组织目标的工作。 主要职业：经理、企业家、政府官员、商人；行业部门和单位的管理者；等等。	
常规型	1. 喜欢按计划办事，习惯接受他人的指挥和领导，自己不谋求领导职务； 2. 不喜欢冒险和竞争； 3. 工作踏实，忠诚可靠，遵守纪律。	主要是指与文件档案、图书资料、统计报表之类相关的各类科室工作。 主要职业：会计、出纳、统计人员；打字员、办公室人员、秘书和文书、图书管理员；旅游、外贸行业职员、邮递员、审计人员、人事专员；等等。	

第二阶段：明确职业类型的要求，寻找差距（5天）

根据上一阶段的测试结果，让孩子说出感兴趣的职业类型和原因，思考从事这类职业需要具备哪些素质，找出自己与目标的差距。

我理想的职业

我理想的职业类型：

我选择这个职业类型的原因：

这个职业对人的素质要求：

目前的差距：

第三阶段：为"第一次"生涯选择做准备（14天）

中考毕业后，孩子会面临人生"第一次"生涯选择，就读普通高中还是职业高中。因此，在初一的时候，家长便可以带孩子了解普通高中和职业高中的特点，帮助孩子了解社会，树立目标，制定初中阶段的整体规划。

结合前面孩子自我分析的结果，家长可以和孩子一起找一所普通高中和一所职业高中，对两所学校进行考察。通过网络搜索、实地走访等方式收集资料，分析哪种升学路径更适合孩子，从而制定初中阶段的规划。分析结果可以记录在下面表格里。

考察内容	考察的普通高中：	考察的职业高中：
学校环境		
课程设置		
学校特色		
毕业去向		
录取要求		
分析结果		

第四阶段：落实职业理想（6天）

在此阶段，家长要引导孩子认识打好基础的重要性。无论未来选择何种职业类型，孩子都需要认真学习初中阶段的课程。在基础教育阶段，学校开设的各类课程是以后职业发展的基础。没有牢固的基础，以后在专业知识的学习上就可能会遇到困难。家长还可以引导孩子思考，为了实现理想，除了文化课的学习，还可以进行哪种类型的兴趣或特长的培养，如何付诸实践。

奋斗目标	如何实现

在此阶段,家长应注意观察孩子为了实现目标能否持久地坚持某种行为,表现出坚强的意志力,并把孩子的行为表现记录下来。

孩子不足之处的改正情况	孩子良好行为的保持情况

第五课

我的学习我规划

——培养孩子学习的独立性

一般而言，学习独立性与学业成绩高低有着密切联系，学习独立性强的孩子，其学业成绩往往比较好。具备学习独立性的孩子，一般都能独立思考问题、独立寻找解决问题的方法并实施解决问题的行动。培养孩子学习的独立性，可以让孩子对学习目标有更清楚的认识，有能力对自己做出正确的评价，学会规划学习的内容、方法和策略，不怕学习中遇到的困难，对学习更加有信心。

七年级孩子的自我意识迅速发展，主动性日益增强，在理论上他们已经具有一定的独立学习能力。但是，一些孩子对家长、老师存在依赖心理，无法完全脱离老师和家长的帮助，不能独立地安排自己的学习和生活。因此，家长应该重视培养孩子学习的独立性。

案例一

升入七年级的尧尧总觉得学校科目太多，学习内容比较难，消化不了这些知识。回家做作业的时候，他回忆不起课堂上老师是怎么讲的，觉得写作业很费劲。于是，尧尧的父母就每天辅导他写作业。开始时，父母只是辅导尧尧不会做的作业。可时间长了，父母发现尧尧一点儿作业也不想写了，每天就等着父母给他讲解，然后告诉他答案。

面对这种情况，尧尧的父母觉得很矛盾：不给孩子辅导作业，孩子不会写作业；给孩子辅导作业，孩子就全指望着父母，不愿意自己动脑了。

 案例二

小敏的父母很注意培养她独立学习的好习惯。当孩子在学习过程中遇到困难时，小敏的父母尽可能地采取启发式的教育方法，而不是直接告诉她答案。

有一次，学校布置了一个作业，要求学生根据对称原理，剪一个双喜字。小敏不知道该怎么办，就去问妈妈。小敏妈妈没有直接告诉小敏怎么剪双喜字，而是先让小敏说对称的含义，然后引导小敏自己去观察。于是，小敏仔细观察双喜字，发现这个字左右两边完全一样。于是，她找来一张正方形的纸，对折，在其中一侧的背面写上"喜"，然后用剪刀剪出。展开后，发现"喜"字倒是剪出来了两个，可是是分开的。小敏又仔细看了双喜字，发现两个"喜"字中间有三处是连在一起的。于是再写、再剪，在三横都紧贴对折的一侧开始写，剪的时候不剪断，再展开时，双喜字成功了。

小敏看到自己独立完成的作品很高兴，小敏妈妈看到女儿能独立解决问题也很高兴。

案例分析

什么是独立性呢？独立性通常是指孩子在自我决策、独立寻找解决问题的方法、实施解决问题的行为时，所反映出来的个性品质，是孩子自强、自立的外在体现。

随着信息技术的发展，信息流通速度的加快，孩子获取知识的途径

越来越广泛。一些父母在了解科学的教养方式后,特别注重培养孩子的学习独立性,就像案例二中小敏的父母一样。但也有一些孩子独立学习的能力似乎越来越弱,就像案例一中的尧尧,他在学习上越来越依赖父母,独立意识越来越弱。那么,为什么一些孩子的学习独立性越来越弱呢?

一、家长的原因

1. 面对孩子的提问,家长没有耐心引导

一些家长在面对孩子提问时会表现出不耐烦的态度。孩子在写作业、预习新课时,遇到不明白的问题就会问家长。开始时,家长还能耐心为孩子解答。但是时间一长,一些家长可能就不耐烦了,会抱怨:"你们老师怎么教的,连这么简单的问题都要问来问去?""你这孩子怎么这么笨呀,上课的时候怎么听的?""书上怎么说的?你就不能看看书呀?""没看见妈妈在忙吗,自己找找答案!"遇到这种情况,孩子可能会独自回屋,对着书本发呆。家长并没有抓住孩子提问的机会,引导孩子学会思考,而孩子的学习热情也在家长的抱怨声中渐渐削弱。

一些家长面对孩子的提问时,会直接给出答案。这些家长可能不懂如何教给孩子思考问题的方法,缺少讲解的技巧,就直接告诉孩子应该怎么做,甚至直接把答案告诉孩子。这样的行为会加重孩子的依赖心理。久而久之,孩子可能会不愿意独立地解决问题。写作业遇到不会的问题时,孩子会选择直接向家长寻求答案,应付了事。

2. 不适当的辅导加重了孩子的依赖心理

一些家长由于怕孩子在学习上吃力,就自己在家辅导孩子。应该说,家长辅导孩子的目的是让孩子能够"拾遗补缺",把自己困惑的地方搞清楚，跟上学习进度。但是，如果孩子对辅导产生依赖心理，不但不能起到"拾遗补缺"的作用，还会产生相反的效果。孩子写作业都依赖家长的讲解，本来能做的也选择不做，而是直接等家长告诉答案。时间久了，孩子可能会产生一种心理：在学校的学习不重要，反正有家长，家长不但能给自己讲课堂上听不懂的内容，还能把作业的答案告诉自己。所以，家长为孩子辅导时，不能让孩子形成依赖心理。

3. 家长对成绩的态度影响孩子独立学习的信心

由于升学、择校的压力，许多家长非常重视孩子的学习成绩，每次考试之后都想知道孩子的成绩排名。如果孩子成绩靠前，家长就皆大欢喜。如果排名不理想，家长就会埋怨孩子学习不用心，而不分析孩子成绩不理想的原因，不关心孩子在学习过程中遇到了什么困难。这些家长只关心考试成绩，忽视孩子学习过程中的心理感受，没有对孩子进行针对性的引导。因此，孩子在学习过程中的闪光点没有得到肯定，感受更多的是受挫与失败，这会导致孩子失去学习的信心。

二、孩子的原因

1. 丧失独立学习的意识

一般情况下，每个孩子都有独立学习的能力和意愿。但是一些孩子由于长期得不到肯定，可能会低估自己的独立学习能力，丧失独立学习的意愿，导致独立性不断丧失。这些孩子缺少面对困难的勇气，也不能对自己的能力进行正确评价。在独立学习时，他们觉得困难重重，只想逃避，放弃了对独立学习能力的培养。

有一些孩子因为从小得到周围人的肯定，不怕困难，敢于自己解决问题，案例二中小敏就是勇于面对困难的代表。在遇到困难时，小敏没有想让别人帮自己解决问题，而是在家长的启发下认真思考"对称"的含义，勇于探究和尝试，最后根据自己所学的知识解决了困难。

2. 对学习的目的认识不清

许多孩子不了解学习的意义与价值，没有把学习当成自己的事情，而是当成家长和老师的事情。由于家长和老师经常督促孩子学习，这些孩子容易产生一种误解：学习就是为了应付家长和老师。因此只要能应付家长和老师，就算完成了任务，也不愿意努力了。如果家长、老师盯得不紧，那么孩子就对学习不上心。正是因为对学习没有正确的认识，所以孩子在学习上没有主动性，也就谈不上学习的独立性了。

☆ 了解孩子

您的孩子具有独立学习的意识吗？请按下面的事项认真观察，符合孩子行为的选"是"，不符合孩子行为的选"否"。每项选"是"计1分，选"否"计0分。得分较高，说明孩子的学习独立性较差，需要进行指导；得分较低，说明您的孩子学习独立性较强，需要继续保持。

1. 做作业时，遇到不会写的字，宁可问家长也不去查字典。　　　　　　　　　　　　　　　　　　　　是□ 否□
2. 遇到有难度的作业，总是询问家长或等着老师讲解。　是□ 否□
3. 做作业时，很少和同学讨论不会做的题目。　　　　　是□ 否□
4. 不主动复习学过的内容。　　　　　　　　　　　　　是□ 否□
5. 不主动预习新的知识。　　　　　　　　　　　　　　是□ 否□
6. 不注意观察知识在现实生活中的应用。　　　　　　　是□ 否□
7. 对问题提不出自己的见解。　　　　　　　　　　　　是□ 否□

8. 没有持之以恒的学习计划。 是 □ 否 □

9. 没有克服困难的意志力。 是 □ 否 □

10. 不能客观评价自己学习上的长处与不足。 是 □ 否 □

💬 建议

　　学习独立性意味着孩子对学什么、能否学、如何学等问题有自觉的意识。它突出表现在对学习的自我计划、自我调整、自我指导、自我强化上。在学习活动之前，孩子能确定学习目标，制订学习计划，选择学习方法，做好学习准备；在学习活动中，孩子能对自己的学习过程、学习状态、学习行为，进行自我观察、自我审视、自我调节；在学习之后，孩子能对自己的学习结果进行自我检查、自我总结、自我评价。

　　要培养孩子学习的独立性，家长应注意做到以下几点。

一、培养孩子独立学习的意识

　　常言道："师傅领进门，修行在个人。"在学习过程中，孩子是主体。归根到底，学习是靠"我要学"，而不是"要我学"。

　　首先，家长要明确，学习是孩子自己的事，其他人只能是学习的帮助者、支持者，而不是替代者。在教育孩子的过程中，要让孩子明白，学习是自己的事，是目前最重要的任务之一。

　　其次，家长观察、发现孩子在独立性上的表现和不足，有针对性地做准备。一些中学生感情丰富，容易动摇，今天下决心独立学习，明天受了挫折又会自暴自弃。如果没有合适的引导，他们很难坚持完成一件事。家长要教育孩子学会坚持，逐步形成独立学习的习惯。

一般来说，学习独立性较强的孩子学习积极主动，善于独立思考，自控能力强。家长可以观察孩子是否会主动安排学习活动，是否有固定的学习时间、地点以及能否独立学习，是否能对自己进行客观评价，是否有长期的学习目标和短期的学习目标，是否有学习计划。家长可以让孩子认真思考这些问题，这对培养孩子学习的独立性是有帮助的。

二、给予孩子针对性的指导

孩子在学习上遇到困难请求家长帮助时，家长不能置之不理或敷衍了事，应该积极鼓励孩子试一试，尤其是稍稍超出孩子原有水平和能力的学习任务。这些任务，对于孩子来说是能"跳一跳，够得着"。孩子只有在不停地尝试、犯错、改正的过程中，才能突破原有经验，构建新经验，并发展自己独立思考的能力。孩子实在无法独立解决时，家长要一步一步地耐心启发，根据不同科目的特点，给予一定的支持和引导，使孩子能在家长的引导下，靠自己的力量解决困难。这会让孩子尝到成功的喜悦，增强信心，勇敢地迎接下一个挑战。例如，在辅导孩子数学作业时，家长不应该直接告诉孩子答案。如果孩子有题目不会做，家长可以告诉孩子"再读读题目"。孩子在反复读题的过程中，可能就会明白问题应该如何解决。如果问题仍未解决，家长可以继续询问孩子"题目是什么意思""你对题目是如何理解的"。如果孩子的理解有误，家长可以帮助孩子分析题目，直至孩子理解，然后让孩子继续尝试。家长还可以让孩子看看例题，比较题目与例题有什么相同和不同，想一想有没有做过类似的题目，这些都有助于孩子建立新旧知识之间的联系。家长既不能对孩子的疑问置之不理，也不要代替孩子思考、解决问题，否则容易养成孩子的依赖心理，甚至让孩子丧失独立学习的信心。

三、培养孩子良好的学习习惯

孩子不会独立思考问题，可能是因为内容难度太大，也可能是因为依赖性较强。家长要在培养孩子独立学习的习惯和能力方面下功夫。独立学习的习惯与孩子的能力紧密相关，与其他习惯互为因果。因此，家长在培养孩子独立性的同时，也要关注其他学习习惯的培养。

1. 提升时间管理能力

成绩比较好的同学可能会认为老师每天布置的作业很少，没多久就可以完成。成绩比较一般的同学却可能认为每天的作业太多，没有家长的督促和帮助，根本完成不了。这体现了孩子时间管理能力的差距。家长要以放学后到睡前这段时间为切入点，帮助孩子提升时间管理能力。

在时间安排上，孩子既要考虑学习时间，也要考虑休息时间和娱乐时间。在安排学习时间时，孩子要考虑不同学科的时间搭配，注意文理交叉安排，如复习完语文，就做几道算术题，然后再复习外语。另外，要根据事情的轻重缓急来安排时间。一般来说，孩子要把重要的、困难的学习任务放在前面来完成，因为这时候孩子的精力充沛，思维活跃；把比较容易的学习任务放在后面。此外，较小的任务可以放在零星时间去完成，做到"见缝插针"。

2. 学会课前预习和课后复习

课前预习是在老师讲课前，孩子先自学这一节内容，为新的学习奠定基础。通过课前预习，孩子了解下节课老师讲授的知识内容，复习、巩固与新的学习内容有关的概念和原理，找出教材中的重点和难点，并适当做些课后练习和预习笔记。因此，家长可以让孩子在预习时了解课程的基本内容，这有利于培养孩子学习的独立性。

课后复习能帮助孩子消化学过的知识。如果没有养成复习的习惯，可能会导致孩子知识掌握不牢固，学习效果不明显，渐渐对学习失去主动性和信心。认真做好家庭作业，就是很好的课后复习方法，能帮助孩子对当天学习内容进行及时复习与巩固。同时，为了提高孩子的听课水平、养成课后复习的习惯，家长可以让孩子回家简要"汇报"当天学习的内容。比如，让孩子说一说当天语文课讲了什么、数学课讲了什么，这样家长就可以了解孩子上课听讲的专心程度并帮助孩子回顾学习内容。此外，家长还可以教孩子用"过电影"的方法来复习，在睡前回忆当天的学习内容，想想当天学了些什么、哪些懂了、哪些还没弄懂，不懂的部分找时间回顾，加深理解和记忆。

3. 培养孩子的观察能力

进入中学后，许多学科的学习都要求孩子具备较强的观察能力。比如：数学离不开对数量关系与图形关系的观察；物理和化学离不开对实验的精确观察；生物要求孩子对自然界的生命现象进行持久的观察。这些观察要求孩子不仅能感知事物的外在特征，还要能抓住事物的内在本质，只看不想难以得出结论。因此，孩子需要养成边观察边思考的习惯，勤于观察、勤于思考。家长要引导孩子观察身边的小事，鼓励孩子提出问题并与之讨论，促使孩子主动去观察、去思考，引导孩子自己发现问题、提出问题、解决问题。

大作业

学习独立性和良好的学习习惯有着不可分割的关系，家长要培养孩子学习的独立性，应该从培养孩子良好的学习习惯入手。只有让孩子形成良好的学习习惯，孩子学习的主动性才会提高，独立解决问题的能力才会逐渐形成。

第一阶段：观察孩子的行为（5天）

观察孩子在学习方面有哪些习惯，对孩子的学习态度、学习积极性等予以记录。在下表里，孩子有相应行为的画"√"，没有的画"×"。

孩子的行为	第一天	第二天	第三天	第四天	第五天
不能独立完成作业					
没有学习计划					
不愿意主动预习					
不愿意主动复习					
学习目的不明确					

记录内容不仅限于上述五个方面，家长也可参照本课"了解孩子"的内容，进行观察。

第二阶段：改正不良的学习习惯（7天）

针对记录的内容，家长和孩子进行沟通，分析哪些学习习惯好，应该保持；哪些学习习惯不好，应该改正。家长要和孩子一起讨论，这些不好的学习习惯应该怎样改正，共同填写下表。

家长指出的不良习惯	家长认为应该怎样改	孩子认为家长的意见是否正确	孩子认为应该怎样改	孩子改进的效果

第三阶段：巩固良好的学习习惯（14天）

经过一段时间努力，家长可以和孩子共同总结孩子的情况，帮助孩子改正不良的学习习惯，保持良好的学习习惯。家长需要做好记录，观察孩子的变化。

学习上的好习惯	家长评价孩子在这方面的表现	孩子评价自己在这方面的表现
1. 学习有计划，比较主动。		
2. 能独立完成作业，有困难想办法克服。		
3. 坚持每天预习，找到下一步学习的重点。		
4. 坚持按时复习，及时查漏补缺。		
5. 科学安排学习时间，学习效率高。		
6. 能逐步摸索不同学科的学习方法。		

第四阶段：总结（4天）

　　家长和孩子共同回顾孩子独立性形成的过程，进一步纠正孩子不良的学习习惯，帮助孩子养成独立学习的能力。在这一过程中，家长需要做好记录，便于和孩子协商讨论。

第六课
把握好课堂学习

——帮助孩子提高听课效率

课堂学习是孩子获取知识、掌握知识、理解知识的重要环节，是发展能力的重要途径。掌握了课堂学习方法的孩子，在听课时能积极思考，容易掌握老师讲课的重点、难点；在课后能及时复习，能够加深对知识的理解和记忆。课上、课下相互配合，有利于理清思路，取得更好的学习效果。

　　总之，只有掌握了课堂学习的策略和方法，才能把握知识的来龙去脉和系统线索，更加高效地听课，提高学习效率。家长了解科学的课堂学习方法，有利于更好地指导孩子学习。

案例

　　刘晶学习比较认真，也能认真完成老师布置的作业，但成绩一直不太好。刘晶的妈妈很着急，孩子学习很努力，每天晚上都要学习到深夜，笔记记得也特别认真，怎么成绩就是上不去呢？

　　通过跟老师的沟通，刘晶的妈妈了解到孩子在上课的时候光顾着抄笔记，老师在黑板上写，她在下面抄。老师写完开始讲了，她还没抄完，所以完全顾不上听老师讲的内容。这样一来，刘晶上课的主要任务成了记笔记，听课倒成了次要的了，本末倒置。这就导致在刘晶课堂上听不明白，课后即使花很长时间去看笔记，也看不明白。一个学期下来，笔记有几大本，最后都束之高阁。

案例分析

听课就是在老师的引导、帮助下学习，保证课堂的听课效率是搞好学习的一个关键。影响孩子课堂学习效率的因素可能有以下四个方面。

一、不重视课堂学习

有的孩子不重视老师的课堂讲解，而是依赖手头的参考资料。他们忽略了老师对这个学科的把握、理解和领会要比自己全面得多，老师的讲解比参考资料更生动、更有针对性。而且老师展示的课堂内容是经过反复推敲的，在老师这儿学到的东西是课下自己要花更多时间才能学明白的。如果不能保证课堂听课效率，那么孩子的损失是巨大的。

二、缺少课堂听课技巧

家长经常叮嘱孩子上课要好好听课，但怎么好好听课却没有跟孩子讲清楚。有的孩子上课边听边玩，老师讲到逗乐的地方，他只顾"看热闹"，注意力都集中在老师的表情、声调和手势上，而老师讲的重点却被忽略了；有的孩子上课很认真，但抓不住重点，抓不住思维过程。他们往往只听了单个的知识点，忽视了老师讲解各个知识点的思路，不知道这些知识点的联系。

真正高效的课堂学习是专心听、会听。在听的过程中，认真捕捉要点，即基本概念、基本规律和基本思路，适当做笔记，提高听课效率。案例中的刘晶有记笔记的习惯，但是却忽视了记笔记的目的是对听课的补充，只需记录课程要点。听课时，要腾出时间用于思考、分析、记忆，这样才容易把握老师讲授内容的重点、难点，有助于深化、扩展和掌握知识。

三、不认真完成作业

老师每讲完一节课，如果这节课很重要或者是后续课程的铺垫，一般都要布置作业。通过作业，上一节课的学习内容得到巩固、夯实和提高，下一节课的展开也做好铺垫。如果上一节课的作业没有认真完成，相关知识点没有得到巩固，就会给下节课的学习带来障碍。长此以往，这就会形成一个恶性循环：上节课没学好的东西影响到下一节课，下一节课听不懂又影响以后的学习。这些问题就像滚雪球一样越来越多，最终导致了这一个阶段的学习效果都很差。

四、不健康的作息习惯

一些不健康的作息习惯也会影响孩子的听课效率。

第一，睡眠时间不足会影响孩子的听课效率。中学生必须保证每天8小时的睡眠，否则会出现头晕、瞌睡、记忆力衰退等身体不适的情况。有的孩子晚上熬夜，没有充足的精力迎接第二天的学习。有的孩子中午不睡觉，影响下午的学习效率。案例中的刘晶，每天晚上学习到深夜，睡眠不足，导致精力不足、听课效率低。

第二，不按时吃饭影响学习效率。食物是人体能量的来源，除了维持人体自身新陈代谢，还为人的脑力活动与体力活动提供能量。因此，只有按时进餐、营养均衡，才能保证身体的需要。有些孩子经常不吃早餐，损害了健康，也会影响学习效率。

第三，没有利用好课间休息时间。上完一节课，孩子的大脑正处于疲惫状态，下课十分钟是一个极好的恢复和调节时间。有的孩子课间疯狂地玩，一上课就开始犯迷糊；有的孩子在课间拼命地做作业，没有给自己一定的休息时间。这样的做法使身心都得不到休息和放松，后面的学习自然没有效率。

⭐ 了解孩子

您的孩子课堂学习效率怎么样？请按下面的事项认真观察，符合孩子行为的选"是"，不符合孩子行为的选"否"。每题选"是"计1分，选"否"计0分。得分较高，说明孩子听课效率较高，需要保持；得分较低，说明孩子的听课效率需要提高。

1. 坚持课前预习。　　　　　　　　　　　　　　　是☐ 否☐
2. 认为听课效率对成绩影响很大。　　　　　　　　是☐ 否☐
3. 认为听课效率和老师的授课方式关系不大。　　　是☐ 否☐
4. 课上积极回答问题。　　　　　　　　　　　　　是☐ 否☐
5. 有课堂笔记本，并经常翻看。　　　　　　　　　是☐ 否☐
6. 有规律的作息时间。　　　　　　　　　　　　　是☐ 否☐
7. 认真完成老师布置的作业。　　　　　　　　　　是☐ 否☐
8. 回家能简要向家长"汇报"每节课的内容。　　　　是☐ 否☐
9. 喜欢任课老师。　　　　　　　　　　　　　　　是☐ 否☐
10. 没有明显的偏科。　　　　　　　　　　　　　 是☐ 否☐

💬 建议

一、帮助孩子做好充分的课前准备

课前准备包括物质准备、身体准备、知识准备以及兴趣的激发。

首先是物质准备，包括上课所需课本、作业本、写字笔等。家长要教育孩子养成好习惯，每天晚上检查一下书包，看看学习用具是否准备齐了。

其次是身体准备，如充足的睡眠、良好的休息。如果孩子的睡眠不足，上课时就会打瞌睡；如果孩子在课间没有进行适当的休息，反而进行剧烈运动或谈论刺激性很强的事情，那么可能会影响后面的听课效率。

再次是知识准备，如课前预习。如果孩子了解新课的基本情况，知道重点和难点，做到有目的地听课，这样学习的效果会更好。在老师讲课的过程中，孩子带着问题听课，就会特别注意那些在预习中没有弄懂的问题，待难点突破后，就能比较全面地掌握新课的内容。新知识的学习是在已有知识的基础上建立的，因此，家长要教育孩子在课前复习与新课有关的知识。这样听课才能做到七分旧、三分新，听新课时才会感到亲切、不生疏。

最后是兴趣的激发。兴趣是最好的老师，令人高兴的事总是令人记忆犹新。家长要培养孩子的学习兴趣，让孩子形成对知识的渴望，带着这种渴望走进教室，集中精力听新课的内容。

二、与孩子分享课堂学习的技巧

1. 认识课程结构，抓住关键环节

首先，重视开头和结尾。有的孩子不重视开头，认为老师的开场白没有什么意思，心不在焉；有的孩子不重视结尾，认为是重复刚才讲的，加上听了一节课已经比较疲倦，于是把老师讲的话当成"耳旁风"。其实，老师讲课的开头和结尾是相互照应的，开头往往交代一节课的要点，是一堂课的"纲目"，结尾是对一节课的小结，是对知识的高度概括。开头和结尾对听课具有画龙点睛的作用，所以要提醒孩子听课时必须抓住开头、重视结尾。

其次，抓新知，筛出重点。老师对新知识的讲解是重点。一般情况下，老师会在语言上有提示，如提高声调、加重语气、放慢速度或直接提示"这一点很重要""这是个常见错误，需要认真听"等。家长要提醒孩子认真听老师讲了哪些新的知识点、是如何讲解的、提了什么问题。当然，每位老师上课的特点是不一样的：有的老师在讲解重点时会反复强调；有的老师会将重点用不同的颜色标出；有的老师重视引导，强调练习。所以家长要教育孩子了解不同老师的上课特点，准确把握课堂的重点内容。

最后，抓过程，听清基本思路。思路就是思考问题的步骤，是思考问题的方法，是分析问题、解决问题的思维过程。家长要教育孩子在上课时集中注意力听老师讲解知识的方法和思路，特别要注意老师在课上是怎么分析问题、怎么把各种概念和原理综合起来说明问题、怎么进行推理。有经验的老师在提出问题、分析问题和解决问题时，都有一套方法。家长要让孩子在听课时把这些都学到。这样不仅能帮助孩子学到老师常用的思维方法，提高分析和综合能力，还可以帮助孩子从被动学习转变为主动学习，对提高孩子的学习效率非常有效。

2. 以听为主，多种感官协同作战

教育孩子在听清楚、听明白、听完整的基础上，将听、看、说、记、想、问结合起来。如果耳到、眼到、口到、手到、心到，多种感觉器官并用，自然就会提高听课的主动性，处理信息的能力也会变强，这对提高学习效率至关重要。

（1）听

听，就是注意听老师的讲授，听同学的提问，听大家的讨论，听同学的不同见解，听老师答疑，听知识的来龙去脉，弄清问题的关键和实质。旧知识要耐心听，新知识要细心听，要跟着老师的思路走。

（2）看

看，就是认真看教材，看必要的参考资料，看老师的表情、手势，看老师的板书,也要看其他同学的反应。

(3)说

说,就是复述老师讲的重点,背诵一下重要的概念、定理,朗诵老师指定的段落,大胆提问,勇于回答老师的问题。在老师提问时,孩子应该积极思考,敢于回答,锻炼自己的思维能力。

(4)记

记,就是听课时在教材上圈一圈重点,批注一下感想,画一画难点。"记"可以促进思维,加深理解;可以抓住重点,有助于记忆;可以留下资料,便于复习;可以把知识系统化,厘清思路;可以提高文字水平,提高书写能力。

需要注意,笔记不求多求全,关键在于帮助理解学习内容。做课堂笔记的过程中,一定要记重点、记思路、记疑问。在课堂上要处理好"听"和"记"的关系。要以"听"为主,以"记"为辅。如果"记"妨碍"听",就先不"记",而是集中注意力去"听"。这样才能跟上老师的思路,系统地理解和掌握知识。

(5)想

想,就是听课时要多问几个为什么,从个别想到一般,从现象想到本质,从特殊性想到规律性。高效率听课的关键在于多动脑筋、学会思考。这就要求孩子不仅要注意听老师讲的结论,更要在理解上下功夫。注意老师分析问题的思路,学习老师的思维方法,把握知识的来龙去脉,思考老师是如何提出问题、分析问题和解决问题的。

(6)问

问,就是课堂上不放过任何一个疑点,偶尔有听不懂的问题,应随时记下来,然后跟着老师的思路继续听下去,在下课后及时询问老师或同学,做到知其然,亦知其所以然。

三、提醒孩子听课时不要钻"牛角尖"

有的孩子可能遇到这样的问题：上课时，老师讲的问题自己没弄懂，就在那里没完没了地想，可这时老师已经开始讲第二个问题了，结果是第一个问题没想明白，第二个问题也没听见。一步跟不上，步步跟不上。他们"注意力转移"的能力较差，总爱钻"牛角尖"，结果走入了"死胡同"。家长应该告诉孩子，上课要跟上老师的思路，不能只想自己的。老师不可能等全班同学都会了，再讲第二个问题，更不可能因为你钻了"牛角尖"而停止讲课。如果你一个劲儿地钻"牛角尖"，往往是当你从"死胡同"走出来时，已经跟不上老师的思路了。思路接不上，就会越听越不明白。

正确的做法是：第一个问题没听懂，孩子可以先记下来，接着听第二个问题，可能在老师讲第二个问题时，第一个问题也弄明白了，因为一节课的前后是互相联系的。假如实在没弄懂，孩子可以留到下课时再钻研，请教老师、同学和家长，保证听课的连续性。

大作业

第一阶段：了解孩子的听课情况（7天）

了解孩子课堂学习中存在的问题，共同分析问题并寻找对策。

分析问题	对策

续表

分析问题	对策

第二阶段：掌握听课的基本方法（7天）

请家长和孩子一起学习本课"案例分析"和"建议"部分，结合孩子听课中可能遇到的问题，学习听课的方法。

可能遇到的问题	分析与建议
1. 上课时精力是否充沛，有没有出现打瞌睡的现象？	
2. 是不是带着问题听课，能不能跟上老师的讲课思路？	
3. 有没有因为旧知识理解不透彻影响新知识的学习？	
4. 对课堂内容是否明白？对于疑问是怎么处理的？	

续表

可能遇到的问题	分析与建议
5. 有没有记课堂笔记？如果有，记了什么？	

第三阶段：运用课堂学习方法（11天）

从学习方法，到运用方法，再到看到效果，不是一朝一夕的事情。家长一定要放平心态，用心观察，及时与孩子沟通，发现孩子的进步和不足。

课堂学习方法	孩子表现	改进措施
1. 是否会在课前预习？		
2. 是否会在课后复习？		
3. 是否会在课堂上记笔记？		
4. 是否能把握课堂思路？		
5. 是否会抓重点？		

续表

课堂学习方法	孩子表现	改进措施
6. 上课时是否精力充沛？		

第四阶段：继续巩固课堂学习方法（5天）

用"汇报"的方法了解孩子的听课情况。如果孩子听课效果有提升，家长要给予及时的鼓励和表扬。如果孩子的听课情况没有变化，家长也不要焦虑，要冷静下来，跟孩子交流，看看问题出在哪里，并及时调整。

问题记录	调整方法

第七课

我们都是好朋友

——尊重孩子的异性交往

青春期是孩子从童年向成年的过渡时期。在这一时期，孩子在生理和心理上都发生着巨大的变化，开始向性成熟阶段发展。同时，男生和女生之间的关系有了新的特点，孩子可能会对异性产生兴趣。因此，青少年时期的异性交往是不可忽略的话题。

这个时期的孩子可能会希望自己能引起异性的关注，得到异性的尊重和肯定。如果父母能正确引导孩子的这种情感，就能激发孩子的积极性，让孩子学会取长补短，思维更加活跃，掌握更多人际交往方法。一般而言，既有同性朋友又有异性朋友的孩子性格会比较开朗。家长对孩子异性交往的恰当处理有利于孩子身心健康发展。

案例一

小李，男，13岁，初一学生，性格内向，自尊心较强。从幼儿园到初中，他和邻居小琪一直是同班同学。小琪是个性格开朗的女孩。因为两家一直是邻居，两人也一直是同学，所以他们从小关系就比较好。他们经常一起做作业、玩耍，和亲兄妹一般亲密。

刚上初中时，小琪也像以前一样经常和小李一起上学。时间稍长，有的同学就用"青梅竹马"等话语来形容他们。小李经常被同学的玩笑弄得脸红耳赤，浑身不自在。为了"避嫌"，小李开始有意远离小琪，不再和她一起上学。即使有学习上的事情要跟小琪接触，小李也要找其他同学代为转述。

 案例二

最近，小文爸爸发现有男孩给女儿打电话。

一天，趁小文在房中做作业时，小文爸爸悄悄和小文妈妈嘀咕这件事，小文妈妈听后非常紧张。这时，手机铃声又响起来了，小文从房中出来接电话。小文妈妈抢先拿起了手机，一听，是一个男孩的声音，他要找小文！

妈妈很不情愿地把手机交给小文，站在边上听。面对妈妈的行为，小文生气地大喊。妈妈回应道："我是你妈妈，听听有什么不可以。"

小文接完电话，准备回房间时，妈妈一把拉住小文："别急着溜，刚才是谁打来的电话？"

小文无奈地说："妈，你别那么紧张好不好，我已经长大了，别说打个电话，就算男同学到家里来……"

"什么？还有男同学来过？"

"算了，跟你说不清了……"

"什么说不清，你现在的任务是学习，和男生交往是长大以后的事！"

案例分析

孩子进入初中后，随着生理和心理的发育，开始进入青春期。在这一时期，他们在关注自身的同时，开始关注异性，希望了解异性并得

到异性的友谊。但一些家长和老师认为中学生的异性交往是"不正常"的，千方百计地阻挠，就像案例中小文的父母一样。这些家长对孩子与异性朋友的交往很敏感。因此，如果孩子在异性交往中出现"问题"，原因是多方面的。

一、家长担心异性交往影响孩子学习

升入初中，孩子也渐渐进入了青春期，异性交往成了家长教育孩子的一大难题。家长在孩子的异性交往问题上往往非常敏感，非常担心自己的孩子在与异性交往时出了"问题"，尤其是女孩子的家长。一旦孩子进入青春期，家长的心也就提了起来。一些家长明确地告诉孩子："不准与异性交往！长大以后再说！"就像案例二中小文妈妈那样，她认为孩子还小，禁止她与异性交往。

其实，为了孩子的健康发展，孩子应当学会与异性交往，建立正常的友谊。因为孩子与异性交往并非"长大以后的事"。应该承认，青春期的孩子可能会对异性有朦胧的好感。这是一种正常的现象，是孩子成长的一种表现。处于青春萌动期的孩子内心充满希望和幻想，他们的内心世界很精彩，可是又不愿表露。如果得到积极的引导，孩子便会打开美好而神秘的心灵之窗；如果受到强制的管控，他们便会把受了伤的心深藏起来，让压抑、困惑相伴左右。

有的家长认为孩子与异性交往会分散精力，影响学习。这也是很多家长和老师反对孩子与异性交往的理由。他们往往可以举出不少事例来证明这种观点的正确性，如某人因为"早恋"而没有考上大学。其实，影响孩子学习的原因并不一定是"早恋"，而是因为孩子承受了巨大的精神压力。这种压力往往来自家长对孩子与异性交往的不当处理。

所以，家长不能动辄就把孩子与异性朋友的交往看作"谈情说爱"。相反，家长应该合理引导孩子，帮助孩子学会与异性正常交往。

二、孩子成长中的烦恼

由于社会环境的变化，孩子可能会出现性早熟现象。此时，孩子容易对异性产生倾慕、出现与异性交往的需求，这都是正常的现象。

如果孩子能认识到这一点，便可以大大方方地与异性交往。但有些孩子由于受到不当评价，在与异性交往时不知所措，甚至出现内心向往但行为拒绝的矛盾状态，就像案例一中的小李。

☆ 了解孩子

您的孩子会与异性正常交往吗？请按下面的事项认真观察，符合孩子行为的选"是"，不符合孩子行为的选"否"。每项选"是"计1分，选"否"计0分。得分较高，说明您的孩子已经长大了，但是可能因为经验不足，不能妥善处理异性交往，需要您的合理指导；得分较低，说明孩子能恰当地处理与异性的交往。

1. 不愿与异性同学同桌。　　　　　　　　　　　　是 □　否 □
2. 与异性同桌划"分界线"，不许对方"越界"。　　是 □　否 □
3. 对异性同学表现冷淡。　　　　　　　　　　　　是 □　否 □
4. 故意疏远从前关系密切的异性同学。　　　　　　是 □　否 □
5. 开始关注自己的外表，变得爱打扮。　　　　　　是 □　否 □
6. 经常对着镜子看自己。　　　　　　　　　　　　是 □　否 □

7. 时常提到某一个异性同学的名字。　　　　　是 ☐　否 ☐

8. 见到异性同学时爱脸红。　　　　　　　　　是 ☐　否 ☐

9. 开始对影视剧中有关爱情的情节感兴趣。　　是 ☐　否 ☐

10. 经常接到某一个异性同学的电话。　　　　　是 ☐　否 ☐

💬 建议

家长应该认识到，对初中生来说，正常的异性交往是必要的，有助于孩子的身心健康与人格发展，也为成年后的人际交往奠定良好基础。因为孩子总要涉足社会，不管在什么样的工作岗位，与异性交往都是必要的。因此，在青春期阶段，家长应该主动教给孩子必要的生理知识和心理知识，让孩子学会大大方方地与异性交往。同时，家长应该让孩子了解自己身体的变化，学会自我调节与自我控制。这样有利于孩子增进对异性的了解，丰富自身的情感体验，扩大社会交往的范围，增强人际沟通能力，健全人格。抑制正常的异性交往，不仅会影响孩子健全人格的形成，还会为今后的成长留下阴影。因此，家长应该正确地处理孩子的异性交往问题。

一、尊重孩子正常的异性交往

异性交往对孩子来说是必要的、有益的。这有助于孩子在交往中学习、体会和掌握异性的身心特点和交往的行为规范，帮助孩子学会承担与自己性别角色相适应的责任和义务。对于正常的异性交往，家长应予以尊重和支持，但也要教育孩子注意交往的"界限"。

在学生时代，男女同学之间应建立如兄弟姐妹般的友谊，提倡男女同学广泛交往、集体活动。即使是在男女同学单独相处时，也要光明磊落、有理智、有分寸。男同学应充分尊重女同学，学会照顾女同学；女同学要自尊自爱、自重自强。只有这样，才能建立纯洁真挚的友谊，促进彼此间的合作，取长补短，共同进步。家长和老师有责任也有义务帮助孩子学会异性交往这门学问，应以"导"代"堵"，提倡男女同学正常交往，建立健康的友谊。

二、让孩子学会与异性正常交往

一要自然交往。家长要教育孩子在与异性交往的过程中，言语、表情、行为举止和情感流露要自然，既不过分夸张，也不闪烁其词，既不盲目冲动，也不矫揉造作。消除异性交往中的不自然感，是与异性正常交往的前提。自然原则的最好体现是，像对待同性同学那样对待异性同学，像建立同性关系那样建立异性关系，像进行同性交往那样进行异性交往。同学关系不要因为异性因素而变得不舒服或不自然，交往时自然就会落落大方。

二要以集体交往为主。初中生的异性交往应该以集体交往为主，家长可以在周末为孩子准备一些活动，邀请异性同学来参加，为孩子创造异性交往的机会。在集体交往中，孩子面对的是一群异性同学，他们各有所长，或幽默健谈，或聪明善良，或乐观大度，或稳重干练……这能帮助孩子发现不同人的优点，开阔眼界和心胸。另外，集体交往可以使一些性格内向、不善交际的同学免除独自面对异性时的羞涩和困窘，也可以使一些喜欢交际的同学满足与人交往的需要，让每个人都融入到自然和谐的氛围中。

三、慎重对待和处理孩子的"恋爱"

有些"早恋",其实是班上同学的起哄。比如案例一中的小李,原本他和小琪是邻居,从小一起长大,两小无猜,却被同学们起哄,于是主动与小琪疏远。

有些"早恋",本是男女同学之间的正常交往,却被家长无端猜疑,贴上了"早恋"的标签。就像案例二中的文文妈妈,她发现男生给女儿打电话后,如临大敌,不停追问,结果只能是适得其反。

如果发现孩子确有"早恋"现象,家长应当在第一时间进行自我反思,孩子"早恋"的背后,是否是因为"缺乏爱"。家长不适当的处理方法可能使孩子产生逆反心理,最典型的心理就是"你们不许我这样做,我偏要这样做",把本是单纯的同学关系弄得很尴尬。所以,家长不能过于敏感,要了解清楚情况再采取相应对策。

有研究发现,"早恋"的孩子大多缺乏家庭关爱。比如:家长关注孩子不够,造成情感饥渴式早恋;关爱残缺(缺乏父爱或母爱),造成心理补偿式早恋;父母不和、父母离异,造成孩子寻找依靠的情感寄托式早恋。如果孩子缺乏家庭的温暖、感受到的关注少,很容易将自己的情感转移到同龄人身上,寻求温暖和依靠。当两个同样缺爱的孩子相互有了好感之后,就会像两块磁石一样,紧紧地被对方吸引。因此,家长与其阻止孩子早恋,不如多给些陪伴,给孩子足够多的关爱,为孩子营造一个温馨和睦的家庭环境。

对于七年级的孩子来说,情窦初开是非常正常的现象,是一件美好的事情。家长不应该把这视作洪水猛兽,而应该帮助孩子树立正确的爱情观。家长可以试着给孩子写一封信,比如:孩子,祝贺你长大了,有人爱你,说明你很可爱啊!同时,家长要告诉孩子:爱,不仅仅是彼此喜欢,更意味着责任与担当。家长可以和孩子分享自己的经历,鼓励孩子把恋爱的想法化作奋斗的动力。同时，家长要加强对孩子的性教育，告诉孩子懂得尊重对方和保护自己，发乎情、止乎礼，知道什么是该做的、什么是不该做的，不要失去底线。

总之，所谓的"恋爱"是初中生正常的情感，家长应该尊重孩子的情感，鼓励孩子在广泛交往中寻找到与自己谈得来、合得拢、能相互促进的好伙伴，建立和发展良好的友谊，让孩子通过正常的异性交往来完善自我。

大作业

第一阶段：让孩子了解自己的变化（7天）

家长精心挑选一本语言通俗、内容积极、关于青春期教育的书，送给孩子。家长帮助孩子知道自己进入了青春期后身体会有相应的变化，让孩子了解同龄人的身体变化，对异性不再有神秘感。请在下表中记录孩子和家长的感受。

孩子读书备忘录

1. 孩子喜欢你送他的这本书吗？

2. 孩子能够理解这本书吗？

3. 孩子会对照书中的内容，观察自己的身体变化吗？

4. 您觉得书中的知识能满足孩子成长的需要吗？

5. 孩子会问一些书中没有讲到的知识吗？

6. 这本书对孩子这一时期的成长有帮助吗？

第二阶段：分析交流（12天）

1. 与孩子共同分析案例。家长要反思自己是否对孩子的异性交往存在片面认识，孩子可以通过分析案例发表对异性交往的看法。交流内容可以参考下文。

交流内容	记录
1. 我对异性有好感吗？	
2. 我有没有"早恋"？	
3. 异性交往应该怎么做？	

2. 家长可以给孩子推荐一些优秀的文艺书籍或影视作品，帮助孩子了解和异性交往的原则和注意事项。家长可以和孩子交流讨论，记录对异性交往的看法和感受。

第三阶段：关注孩子的交友圈（4天）

家长需要多和孩子交谈，了解孩子的交友圈。针对孩子的交友情况，家长可以给予适当指导，让孩子和异性朋友正常交往。家长可以根据"孩子好友一览表"，与孩子一起交流相关情况。

好友姓名	性别	特长	吸引你的地方

第四阶段：组织与异性交往的集体活动（7天）

在了解孩子的想法后，家长可以对孩子进行针对性的指导，帮助孩子明确与异性交往的原则。同时，家长还可以组织活动，邀请孩子的同性朋友和异性朋友参加，加深彼此的了解。家长之间还可以联合组织活动，让男生、女生共同参与，扩大孩子的交往面。活动结束之后，孩子和家长根据下面的内容进行交流。

孩子填写卡

1. 在这次活动中表现最优秀的人是谁？为什么？

2. 通过活动发现了谁的什么优点？

3. 如果下次有这样的活动，希望跟谁在一组？为什么？

4. 跟异性搭档的时候有别扭的感觉吗？为什么？

家长填写卡

1. 在活动中孩子最关注的人是谁?

2. 您认为孩子为什么会关注他(她)?

3. 跟异性共同活动时,您感觉到孩子有什么异样吗?

4. 您觉得孩子更乐意跟同性搭档还是跟异性搭档,还是无所谓?

5. 您觉得孩子对某一个异性比较关注吗?

6. 您认为孩子活动期间的表现正常吗?

7. 您认为这样的活动对孩子有好处吗?

8. 您是否有与孩子进一步沟通的需要?

第八课

不动笔墨不读书

——帮助孩子掌握良好的阅读方法

古有朱熹言:"余尝谓:读书有三到,谓心到、眼到、口到。"今有徐特立说:"不动笔墨不读书。"由此可见,从古至今,良好的阅读习惯都受到人们的重视。这也提示我们,会读书与爱读书同样重要。

阅读是一种重要的学习方式,能引领孩子遨游于知识的海洋。而良好的阅读习惯可以帮助孩子有效利用时间,提高阅读效率,掌握更多的知识,更好地理解书中内容,积累丰富的知识和素材,为孩子阅读能力和写作能力的发展奠定基础。因此,家长不仅要引导孩子"爱读书",还要帮助孩子"学会读书"。

案例一

小明在完成作业之后,经常爱看一些课外书。但在看书的时候,他不是躺在沙发上,就是趴在床上,还经常一边看书一边看电视。小明妈妈为此说了小明很多次,告诉他不要这样。小明却振振有词地说:"这样看书舒服,能使身心得到放松。睡前看看书,就是一种消遣、一种催眠。"

虽然小明看书多,却不擅长写作文。小明妈妈说:"小明的课外书读得不少,但不会表达,他最怕的就是写作文,这问题出在哪里呢?"

案例二

这是小雨妈妈的讲述:

我的孩子叫小雨,今年七年级,学习成绩中上等,特别喜欢语文。小雨出生后,我就经常与她"说话",一开始是念顺口溜、唱歌谣、背古诗。小雨3岁时,就对书产生兴趣,特别喜欢依偎在我的怀里,听我给她讲童话故事。之后,我给她买了一些图画书,小雨特别喜欢。上小学后,小雨每天写完作业,就会拿出一本课外书认真阅读,遇到不认识的字,就会及时查字典,还常常写写自己的感想,摘抄一些名言警句并背诵下来。久而久之,小雨形成了爱读书的习惯。在小雨读书过程中,只要有进步,我就会表扬她。我鼓励她到学校图书馆借自己喜欢的书,也常常带她到书店买书。阅读开拓了她的视野,带给她快乐,让她对学习充满了向往。现在小雨的阅读能力比一般的孩子强,一些七年级孩子读起来比较吃力的名著,如《红楼梦》《基督山伯爵》,小雨已经能轻松阅读了。

听了小雨妈妈的讲述,看着她脸上的笑容,我们对这位母亲充满了敬意。

三 案例分析

好的阅读习惯和阅读方法会使孩子终身受益。上面两个案例让我们思考这样一个问题:怎样才能让孩子养成良好的阅读习惯呢?

一、家庭氛围会影响孩子的阅读习惯

家长的示范作用和良好的家庭读书氛围是孩子喜爱读书的重要因素，案例二就很好体现了这一点。一般来说，在孩子10岁前，家长应该帮助他养成"看书的习惯"。让孩子学会阅读是一种非常有效的教育方式，是终身受用的"财富"。因为阅读对孩子的性格、品质、责任感的培养都具有潜移默化的积极影响。

二、兴趣是培养孩子良好阅读习惯的重要前提

家长推荐给孩子的书籍，应考虑到孩子的年龄特征、兴趣爱好和生活经验，书籍内容应健康向上、主题鲜明。这样才能引发孩子阅读的兴趣，丰富孩子的生活，让孩子通过阅读拓展视野、获取知识和信息、开启智慧的大门、培养明辨是非的能力、学会做人的道理。孩子在读书过程中的点滴进步与变化，家长应该及时肯定与赞赏，让孩子体会到阅读的快乐。案例二中小雨的妈妈在这方面就做得非常好。

三、家长的具体指导能帮助孩子形成良好的阅读习惯

家长在指导孩子读书时，应告诉孩子如何读书，具体方法是什么。比如，家长可以要求孩子看书时对书中精彩的段落做一些勾画，对引发自己思考和质疑的地方做一些标记，帮助孩子慢慢形成做读书笔记的习惯。家长还可以鼓励孩子了解作者的生活背景，这样有利于孩子把握书的主要内容。孩子在阅读的过程中，可以一边记录一边思考，如：作者生活在什么样的时代，他为什么会写这本书；作者想表达一个什么主题；作者的哪些描述和想象令人印象深刻；同一个作者在不同时期的作品有什么不同；同类主题其他作者的作品有什么特点。通过记笔记和拓展阅读的方式培养孩子阅读时主动思考的习惯。案例二中，小雨的妈妈

在孩子读书时会进行具体指导，小雨阅读的效果就比较好。而案例一中，小明的妈妈在孩子读书时就缺乏关注和指导。

☆ 了解孩子

您的孩子是否具有良好的阅读习惯？请按下面的事项认真观察，符合孩子行为的选"是"，不符合孩子行为的选"否"。每项选"是"计1分，选"否"计0分。得分较高，说明您的孩子是一个爱读书、会读书并拥有良好阅读习惯的孩子；得分较低，则需要您对孩子的阅读习惯及方法进行指导。

1. 有自己的读书计划。　　　　　　　　　　　　　是☐　否☐
2. 会主动阅读，阅读时注意力集中。　　　　　　　是☐　否☐
3. 阅读广泛，对不同领域的书籍都有兴趣。　　　　是☐　否☐
4. 身边经常备有字典等工具书。　　　　　　　　　是☐　否☐
5. 经常和家长交流在书上看到的内容。　　　　　　是☐　否☐
6. 会根据读书的内容写读书笔记。　　　　　　　　是☐　否☐
7. 常常在书上做批注。　　　　　　　　　　　　　是☐　否☐
8. 会在书上把自己认为好的句子勾画出来。　　　　是☐　否☐
9. 会尝试记忆书中经典的句子。　　　　　　　　　是☐　否☐
10. 喜欢去书店或图书馆，有时会催着家长买书。　　是☐　否☐

> 建议

良好的阅读习惯对孩子的学习产生的积极影响是难以估量的。那么，应该怎样培养孩子良好的阅读习惯呢？

一、以身作则，养成读书、看报的好习惯

如果家长有阅读的习惯，那对孩子来说就是一种良好的示范。家长在阅读过程中，不断把新的信息传达给家人，天长日久，孩子也会逐渐喜欢阅读；有的家长在读书、看报的过程中，会画重点，剪贴感兴趣的文章，和家人讨论感兴趣的内容，做读书笔记。而孩子会模仿家长的行为，这时候家长再趁机教给孩子一些读书方法，可以帮助孩子养成良好的阅读习惯。

当孩子在阅读中遇到不明白、不清楚的问题时，家长要告诉孩子可以通过查资料、查工具书等方法来解决问题。如果解决不了，孩子可以再问家长。家长跟孩子一起读书、交流和讨论，有利于孩子增长知识，训练思维，培养能力。

二、营造良好的学习环境

家长可以为孩子准备一个光线良好的房间，备好书橱和桌椅，精心选择一些适合孩子阅读的书籍。家长可以与孩子一起读书，并就一些内容与孩子交流，或者把书中的故事讲给孩子听，激发孩子的阅读兴趣。孩子在阅读中遇到问题时，家长要给予具体的帮助，或者引导孩子尝试用多种方法进行探索、解决问题。家长也可以有计划地带孩子去图书馆或书店，借阅或购买一些孩子喜爱的书籍，以增加孩子的阅读量、扩大孩子的知识面，让孩子感受到阅读的快乐。家长可以根据孩子的兴趣爱好，购买文学类、科普类、艺术类等不同类型的书籍，扩展孩子的知识面，也有助于孩子深入研究自己感兴趣的问题。

三、和孩子一起学习好的读书方法

1. 勾画、批注式读书

宋代学者朱熹读书时会进行勾画和批注。他认为这样反复勾画，能渐渐寻到书的主旨。因此，家长可以建议孩子在读书时，用彩色笔在重点段落进行勾画。同时，家长还可以鼓励孩子在书的天头、地脚和其他空白处，写出简明的提要、注释、质疑和评论。而勾画、批注的过程，就是筛选信息、提炼重点的过程，就是咀嚼品味、加深理解的过程，也是发现问题、提出问题和解决问题的过程。

2."五到法"

前人说："读书要心到、口到、眼到、手到、脑到。"这就是所谓的"五到法"。读书时做到心想、眼看、口念、手写、脑动，发挥多种器官的作用，可保证精力集中，有效地提高读书的效率。

3."非思不问"的阅读

孔子说："学而不思则罔，思而不学则殆。"所以"学问"二字，"问"在"学"之后，这里所说的"学"，是指独立思考。有了问题，如果自己不想，只是随口问问，即使得到正确的答复，受益也未必很大。

四、引导孩子做读书笔记

对于七年级的孩子，家长可以引导他们在看书时做一些笔记。有一个孩子说："我是这样做读书笔记的，我读过的书，都会记下作者、书名、主要内容，发现生僻字就记下来，坚持了三年，词汇量积累了，知识面拓宽了，读书给我的生活带来了无穷的乐趣。"下面推荐六种做读书笔记的方法。

1. 抄书法

抄书法就是把读过的内容抄下来。这种方法虽然笨拙，但是却很有效果。明代著名文学家张溥在文学上造诣很高，所写的《五人墓碑记》被后人称赞。张溥之所以能在文学上有如此巨大的成就，与其特殊的学习方法——抄书法，是分不开的。张溥所读之书，都要读一遍，抄一遍，焚一遍；再读一遍，再抄一遍，再焚一遍。如此六七遍，自然记得牢，背得熟，为他日后的治学打下了坚实的基础，其书斋因此而命名为"七录斋"。我们今天读书虽不必强调"七录"，但读书过程中仍需要有意识地记忆一些内容。

2. 摘录法

摘录法就是在阅读之后，将文中精彩的段落和语句摘录下来。比如，摘录内涵丰富的词汇、描写优美的句段、点睛之笔等。

3. 剪贴法

剪贴法就是把对自己有用的资料剪下来并分门别类地贴在一个本子上，这种方法非常简单，查找、翻阅又十分方便，只是需要仔细划分门类。

4. 符号法

符号法就是在阅读的时候，把重要的词、句、段标上各种符号，如波浪线、横线、尖角号、黑点等，或者用不同颜色进行标记和区分，这些符号和颜色所代表的意义由自己掌握。

5. 卡片法

卡片法就是用印有表格的固定卡片做笔记，表格上印有编号、类别、题目、作者、出版时间等信息，其中最重要的内容是文摘、批语和心得。

6. 心得法

心得法就是将读完一篇文章或一本书后的心得体会及时记录下来。这些体会可多可少，可整可零。初中生的阅读适宜采用这种读写结合的方法。

大作业

良好的学习成绩与良好的阅读习惯是分不开的。要让孩子养成良好的阅读习惯，家长应该配合学校教育，积极引导和帮助孩子。家长可以抽出时间，与孩子一起完成下面的作业，记录下孩子的表现。这样做有助于培养孩子良好的阅读习惯。

第一阶段：要求孩子做一个月的阅读计划（5天）

家长可以和孩子利用周末时间，查阅网上资料，逛书店，确定阅读的书目，让孩子思考所选书籍是否符合自己的阅读兴趣和阅读需要，然后订出阅读计划。

我的阅读计划

第二阶段：观察孩子的阅读习惯，并提出改进意见（10天）

观察内容	改进意见
1. 孩子读书时是否专心。	
2. 孩子读书时是否使用工具书。	
3. 孩子读书时是否做记录，比如勾画、批注等。	
4. 孩子读书时是否会做读书笔记。	
5. 孩子是否习惯记录书中的精彩词句。	
6. 孩子读书时是否愿意提问题，或与家长讨论、交流。	

第三阶段：改进阶段（10天）

针对上一阶段的观察记录，家长可以对孩子的阅读习惯提出建议，并继续观察记录。

读书的不良习惯	改进后的行为表现

第四阶段：交流读书心得（5天）

在此阶段，家长应提醒孩子对所读书籍做进一步的思考，比如写读书心得、书评等。家长要主动与孩子进行交流，交流内容包括所读书籍的写作背景、作者的主要思想、读后的启示等。如果时间允许，家长可以要求孩子写出书面的读后感。家长也可以选择一本孩子最喜欢的书，请孩子介绍书中主要内容，并说一说喜欢的原因。

附：丛书总目录

幼儿园小班

第一课 好玩的幼儿园
　　——帮助孩子了解幼儿园
第二课 我不哭
　　——帮助孩子缓解分离焦虑
第三课 老师真好
　　——引导孩子依恋和信任老师
第四课 老师，我想……
　　——指导孩子善于表达自己
第五课 自己来
　　——培养孩子初步的自理能力
第六课 早睡早起身体好
　　——帮助孩子养成良好的作息习惯
第七课 什么都爱吃
　　——帮助孩子养成不挑食的好习惯
第八课 大家一起玩
　　——培养孩子的分享意识

幼儿园中班

第一课 我就要买这个玩具
　　——帮助孩子克服任性和固执
第二课 我为你的成功鼓掌
　　——帮助孩子克服嫉妒心理
第三课 一起玩才快乐
　　——帮助孩子提高交往能力
第四课 自己的事情自己做
　　——培养孩子初步的责任心
第五课 我是好样的
　　——帮助孩子建立自信心
第六课 我能等
　　——培养孩子的自制力
第七课 危险的事情我不做
　　——培养孩子的安全意识
第八课 我会飞
　　——培养孩子的想象力

幼儿园大班

第一课 没有规矩不成方圆
　　——培养孩子的规则意识
第二课 "多动症"的帽子我不要
　　——培养孩子良好的注意习惯
第三课 图画书"美味又营养"
　　——培养孩子良好的阅读习惯
第四课 打破砂锅问到底
　　——保护和激发孩子的好奇心
第五课 风雨过后是彩虹
　　——培养孩子的挫折承受能力
第六课 我是环保小卫士
　　——培养孩子的环保意识
第七课 爸爸妈妈和我一起"过家家"
　　——建立良好的亲子关系
第八课 上学之前磨好"枪"
　　——帮助孩子做好入学准备

一年级

第一课 高高兴兴去上学
——培养孩子的入学适应能力

第二课 我是生活小能手
——培养孩子的生活自理能力

第三课 兴趣是最好的老师
——激发孩子的学习兴趣

第四课 今日事今日毕
——培养孩子良好的学习习惯

第五课 我是诚实的好孩子
——培养孩子诚实的美德

第六课 我会保护自己
——培养孩子的自我保护能力

第七课 有了苦恼会倾诉
——培养孩子的乐观情绪

第八课 班级是我快乐的家
——培养孩子的合群性

二年级

第一课 我也要做王羲之
——培养孩子良好的书写习惯

第二课 跳动的壶盖
——培养孩子的观察能力

第三课 专心听讲不走神
——培养孩子的专注力

第四课 6是6，9是9
——培养孩子细心的习惯

第五课 学习不用妈妈陪
——引导孩子独立学习

第六课 做不好，别笑我
——保护孩子的自尊心

第七课 我不再怕毛毛虫
——培养孩子的勇敢品质

第八课 我是"小雷锋"
——培养孩子乐于助人的品质

三年级

第一课 不做"白字先生"
——培养孩子的识字能力

第二课 授人以鱼，不如授人以渔
——帮助孩子掌握适合自己的学习方法

第三课 和小朋友一起玩
——培养孩子的社会交往能力

第四课 错了说声"对不起"
——培养孩子解决冲突的能力

第五课 男孩也能跳皮筋
——培养孩子正确的性别观念

第六课 你们先走我最后
——培养孩子的合作能力

第七课 天有不测风云
——帮助孩子应对重大变故

第八课 "大胖胖"与"小瘦瘦"
——帮助孩子建立合理的饮食结构

四年级

第一课 生活时间安排好
　　——培养孩子做事的计划性
第二课 书籍是我的好朋友
　　——让孩子喜爱阅读
第三课 周末我要学跳舞
　　——培养孩子的兴趣、爱好和特长
第四课 言必信，行必果
　　——培养孩子诚信的美德
第五课 我是妈妈的好帮手
　　——培养孩子爱劳动的好习惯
第六课 谢谢爸爸妈妈
　　——培养孩子的感恩意识
第七课 近朱者赤，近墨者黑
　　——引导孩子理性交友
第八课 坐立行走姿态好
　　——养成孩子良好的体态和健康的生活习惯

五年级

第一课 作息规律身体好
　　——培养孩子良好的作息习惯
第二课 我相信我能行
　　——帮助孩子拥有自信
第三课 学当理智的小消费者
　　——引导孩子形成正确的消费观
第四课 生命如此美丽
　　——教育孩子珍爱生命
第五课 天高任鸟飞
　　——为孩子插上想象的翅膀
第六课 不学礼，无以立
　　——引导孩子礼貌待人
第七课 我有好朋友
　　——提高孩子的人际交往能力
第八课 我是守法小公民
　　——培养孩子遵纪守法的意识

六年级

第一课 我爱五星红旗
　　——培养孩子的爱国情感
第二课 我长大了
　　——引导孩子正确认识第二性征
第三课 烦着呢，别理我
　　——帮助孩子学习控制情绪
第四课 有张有弛效率高
　　——帮助孩子学会合理安排时间
第五课 其实我挺了不起
　　——引导孩子正确评价自己
第六课 我们说说悄悄话
　　——鼓励孩子与父母沟通
第七课 赠人玫瑰，手留余香
　　——引导孩子学会关爱他人
第八课 赢得起也输得起
　　——帮助孩子提高抗挫能力

七年级

第一课 新起点，新面貌
——帮助孩子适应中学生活

第二课 别再把我当孩子
——理性看待孩子的逆反心理

第三课 我是家庭一成员
——培养孩子的家庭责任感

第四课 我的未来，美丽的梦
——培养孩子的生涯规划意识

第五课 我的学习我规划
——培养孩子学习的独立性

第六课 把握好课堂学习
——帮助孩子提高听课效率

第七课 我们都是好朋友
——尊重孩子的异性交往

第八课 不动笔墨不读书
——帮助孩子掌握良好的阅读方法

八年级

第一课 识别诱惑有主见，遇事报警不迟疑
——培养孩子的安全意识和防范能力

第二课 上课要打有准备之战
——帮助孩子掌握课前预习方法

第三课 压力变动力，带来好成绩
——帮助孩子应对紧张的学习压力

第四课 过过"电影"效率高
——帮助孩子掌握复习方法

第五课 我是理性的追星族
——培养孩子的高雅情趣

第六课 业精于勤荒于嬉
——培养孩子勤奋学习的好习惯

第七课 敢于展示自己
——培养孩子的自信心

第八课 情窦初开时
——正确引导孩子少年时期的"爱"

九年级

第一课 莫要眉毛胡子一把抓
——指导孩子制订学习计划

第二课 体验生活中的美
——重视孩子的情感培养

第三课 理性花钱知节俭
——培养孩子正确的消费观和理财意识

第四课 锻炼身体有活力
——培养孩子热爱运动的习惯

第五课 适度紧张出效率
——帮助孩子克服中考焦虑

第六课 求战阶段更从容
——训练孩子应考的自信

第七课 合理作息，考时当平时
——帮助孩子制订中考前一周作息时间表

第八课 不以成败论英雄
——引导孩子坦然面对中考结果